英語教育
21
世紀叢書

インターネットを活かした英語教育

杉本 卓・朝尾幸次郎——著

大修館書店

まえがき

　この本を手に取ったあなたは、「インターネットを活かした英語教育」というタイトルを見て、どのような本だと想像したでしょうか。今や学校にインターネットがあるのは当たり前になってきました。しかし、多くの学校の先生方は、インターネットを授業にどう使っていいのか、戸惑っています。この本は、そのような先生方にとって役に立つかもしれません。しかしそれは、「このような授業をやればいいですよ」ということをこの本が教えてくれるからではありません。そういった「ノウハウ」や、さらにはもっと基本的な、コンピュータやインターネットというテクノロジー自体の使い方の解説であるとか、インターネット上にある英語教育に利用可能なリソースの紹介といったものも、先生方の「役に立つ」でしょう。しかし、この本はそのようなことを紹介するために書かれたのではありません。

　インターネットを授業で使おうとする時に先生方が戸惑ってしまう大きな理由は、この道具が英語を学ぶ・教えるということにとってどのような意味をもっているのか、ということがよくわからないからではないでしょうか。この本は、まさにそのことについて考えようとするものです。そのようなことを考えるためには、インターネットがどのようなものなのか、英語を学ぶ・教えるということがどのようなことなのか、そもそも人が学ぶとか教えるというのはどのようなことなのか、道具と学ぶこととの関係はどのようなものなのか、といったことをきちんと考えていかなければなりません。「インターネットと英語教育」に関する本は既に

何冊か出されていますが，そうした本質的な問題を考えようとするものは今までになかったと思います。

そのように言うと，とても「難しい本」なのではないかと思われるかもしれません。しかし，この本は決して「専門書」ではありません。英語教育の専門家である朝尾さんと，情報教育や学びの認知科学が専門である杉本とが，英語教育とインターネットについて本質的な議論をするのに鍵となるいくつかのトピックについて，本という形で「おしゃべり」をしたものです。

学習・教育の本質的議論と英語教育ということについて考えるときに，いつも頭に浮かぶ出来事がひとつあります。それは，1993年のことです。アメリカのアトランタで，私はアメリカ教育学会（American Educational Research Association）の全国大会に出席していました。昼食を食べていると，隣のテーブルに座っていた人が声をかけてきました。その人たちは，私たちとは違うネームプレートをつけていたので，違う会議に出ていることは一目でわかりました。彼らの一人が，「あなたたちはAERAに出ているの？じゃあ，研究をしている人たちで，私たちとは違う種類の人たちね。私たちはただの語学教師だから。」と自嘲とも皮肉ともとれる言い方をしていました。その人たちは，TESOL（Teachers of English to Speakers of Other Languages）の大会に出席しているアメリカ人でした。英語教育に限らず教科教育の世界と，教育・学習一般に関する研究の世界（教育心理学・教育工学・認知科学など）とは，断絶していると言ってしまうと言い過ぎですが，かなり高い壁があり，なかなかうまく交流がなされていないように思います。この本が，英語教育と学習・教育論との交わりのひとつのきっかけとなることを望んでいます。

私がこの本を書くことができたのは，多くの人から様々なこと

を学んだり考えたりする機会を得ることができたからに他なりません。私が英語学習とインターネットについて考えるようになったきっかけを与えて下さったのは，三宅なほみ氏です。大学3年生の時に，「外国語学習に関心があるなら一緒にやらない？」と声をかけて下さってお手伝いするようになったのが，コンピュータ通信を使った国際学習ネットワークの実践的研究です。そのプロジェクトの中で学び考えたことは，この本の中で私が述べたことの大きな部分を占めています。また，そのプロジェクトでアメリカ側の中心的研究者だった Jim Levin 氏は，その後も様々な形でネットワークの教育利用についてのプロジェクトで関わり，インターネットと教育に関して広い視野から考える機会を与えていただきました。インターネットとコミュニケーション，ハイパーテキストと学習などのテーマについては，Chip Bruce 氏から多くのことを学んできました。佐伯胖氏には，学習・教育について本質的なことをきちんと考えること（未だに十分できていませんが）を様々な形で教えていただきました。この他にも，名前はあげませんが，これまでに関わった多くの研究者・教師の方々に感謝します。

この本でのパートナーとなって下さった朝尾幸次郎さんとは，実は（私の記憶が正しければ）直接には4回しかお会いしたことがありません。最初にお会いしたのは，5年ほど前に私の研究室を訪ねて下さった時です。あとの3回は，この本の打ち合わせです。しかし，私が英語教育関係のメーリングリストなどで，英語教育の「門外漢」にもかかわらず好き勝手なことを発言しても，たびたび好意的な反応を返して励まして下さり，英語教育の世界に片足の先だけでも突っ込むことを促して下さっているのが，朝尾さんです（同じ意味で，尾関修治氏と杉浦正利氏にも感謝しています）。朝尾さんとの接点をこのような形にできたことは，と

ても嬉しく思います。そして，その接点を形にする機会を与えて下さったのは，大修館書店の小林奈苗さんです。原稿執筆を一向に進めない著者を励まして，ようやくこのような形にできたのは，小林さんのおかげです。

　この本をきっかけに，読者の皆さん方も私たちのおしゃべりに参加して下さったら嬉しく思います。

　2002年1月

杉本　卓

『インターネットを活かした英語教育』目次

まえがき ———————————————————————— iii

第1章 インターネットの教育への導入　3

1　インターネットが教育へ導入されることの意味（杉本）——3
　1-1　学校へのインターネット導入の実態 ———————— 3
　1-2　インターネットで教育が質的に変わるか ——————— 6
　1-3　「学び」概念の見直し ———————————————— 8
2　英語教育へのメディアの導入（朝尾）————————— 10
　2-1　始まったインターネットの導入 ———————————— 11
　2-2　技術に対する期待と不安 ——————————————— 14
　2-3　フレネに学ぶ ————————————————————— 17

第2章 電子メールを利用した実践　21

1　電子メールから始まった実践（朝尾）————————— 21
　1-1　一番の人気 ————————————————————— 21
　1-2　中学校での実践 ——————————————————— 22
　1-3　高等学校での実践 —————————————————— 23
　1-4　国際ライティング交換プロジェクト —————————— 25
　1-5　プロジェクトの工夫 —————————————————— 27
　1-6　世代を超えた出会い ————————————————— 28
2　電子メールを使うことの意味（杉本）————————— 30
　2-1　時間・空間的便利さ —————————————————— 32
　2-2　文字コミュニケーション ———————————————— 33
　2-3　匿名性 ———————————————————————— 37

第3章 インターネット利用の効果　　41

1 電子メールを利用した国際通信は英語力を向上させるか
  （杉本）――――――――――――――――――――――――――41
  - 1-1 英語のテストの成績が上がるか ――――――――――41
  - 1-2 よりコミュニカティブな英語に ―――――――――――45
  - 1-3 すらすら書けるようになるか ――――――――――――47
2 英語力とは何か（朝尾）――――――――――――――――50
  - 2-1 電子メールを使った授業の学習効果 ――――――――50
  - 2-2 外国語能力を形成する要因 ―――――――――――――54
  - 2-3 電子メールを使うとどうなるか ―――――――――――55

第4章 チャットとMOO　　63

1 外国語教育での利用（朝尾）――――――――――――――63
  - 1-1 リアルタイム型コミュニケーション ――――――――63
  - 1-2 画面で会話をする ―――――――――――――――――65
  - 1-3 チャットを使うとどうなるか ――――――――――――69
  - 1-4 schMOOze University ―――――――――――――――70
2 会話・疑似会話・シミュレーション（杉本）―――――――73
  - 2-1 リアルタイム→相互作用性 ―――――――――――――74
  - 2-2 会話の目的と内容 ―――――――――――――――――76
  - 2-3 疑似会話と身体性 ―――――――――――――――――78

第5章 Webの利用　　81

1 ハイパーテキストとしてのワールド・ワイド・ウェブ
  (Web)（杉本）――――――――――――――――――――81

1-1 「注」としてのリンク ――――――― 83
　　1-2 複雑な構造を明示 ――――――――― 86
　　1-3 「読む」と「書く」の境界 ――――― 88
　2 外国語教育における Web の意義（朝尾）――― 90
　　2-1 インターネットと CD-ROM ――――― 91
　　2-2 Web の意義 ―――――――――――― 93
　　2-3 大賀郷中学校の実践 ――――――― 96
　　2-4 胆振英語教育研究協議会の実践 ――― 98

第6章 Web を使ったライティング　101

1 人と人とをつなぐ Web（朝尾）―――――――― 101
　1-1 リーディング素材として始まった Web ―― 101
　1-2 読み手と書き手 ――――――――――― 103
　1-3 新しいライティングの技能 ――――――― 106
　1-4 発表の場としての Web ――――――――― 108
2 インターネットで「書く」こと（杉本）――――― 111
　2-1 インターネットでの「読み手」と「書く」こと ― 112
　2-2 マルチメディアと「書く」ことの拡張 ――― 114

第7章 国際理解・異文化理解　119

1 外国語教育と異文化理解（朝尾）――――――― 119
　1-1 ことばと文化 ――――――――――――― 119
　1-2 異文化と出会う驚き ――――――――― 120
　1-3 身近なことから ―――――――――――― 122
　1-4 Travel Buddy ――――――――――――― 126
2 インターネットと国際理解（杉本）―――――― 130

    2-1 インターネット上のコミュニケーションで国際理
        解ができるか ――――――――――――――――130
    2-2 インターネット上の情報と読み手の役割 ――――131
    2-3 「つながる」感じ ――――――――――――――134

第8章 共同学習　　　　　　　　　　　　　　　137

1 外国語教育と共同学習（朝尾）――――――――――137
    1-1 プロジェクトを基盤とした学習 ――――――――138
    1-2 共同学習への発展 ――――――――――――――139
    1-3 Web の役割 ―――――――――――――――――141
    1-4 身の回りの課題から ―――――――――――――144
2 コンピュータを利用した共同学習の枠組み（杉本）――147
    2-1 コンピュータの使い方の異なるタイプ ――――――148
    2-2 共同学習を支援するコンピュータ ―――――――151

第9章 教師の役割　　　　　　　　　　　　　　　157

1 知識の伝達者としての教師から，学習の支援者としての教師
  へ（杉本）――――――――――――――――――――157
    1-1 知識の伝達者 ―――――――――――――――――157
    1-2 学習支援者としての教師 ――――――――――――160
2 外国語教育における教師の役割（朝尾）―――――――163
    2-1 ネイティブの外国語教師 ――――――――――――164
    2-2 教授法と教師の役割 ―――――――――――――――165
    2-3 インターネットを利用した実践での教師の役割 ――169

第10章 評価のありかた　　173

1 新しい学習観と評価の考え方（杉本）————173
　1-1 「身につけたこと」の評価————176
　1-2 「できること」「できたこと」の評価————178
　1-3 「なしとげた過程」の評価————180
2 外国語教育における評価の考え方（朝尾）————183
　2-1 避けて通れない問題————184
　2-2 測定のむずかしさ————185
　2-3 記号操作と自己表現————186
　2-4 測定と評価————188
　2-5 再び，英語学習について————190

第11章 英語教育の変革　　193

1 外国語教育の何が変わるのか（朝尾）————193
　1-1 インターネットが開いた新しい視点————194
　1-2 効率の追求ではない————195
　1-3 意味のある場面での意味ある言語活動————197
　1-4 インターネットから教室に————199
2 「学び」観を見直す（杉本）————201
　2-1 「作り上げる」過程としての学習————201
　2-2 社会的過程としての学習————205

あとがき————209

索引————210

コラム

1・人と人とをつなぐコンピュータ ———————————29
2・電子メールでの作文と読み手意識 ———————42
3・すがやみつるさんと英語 ——————————————60
4・理科教育の実践から ———————————————————68
5・ハイパーテキスト ————————————————————82
6・Y Village の実践例 ————————————————125
7・Travel Buddy の持ち物 —————————————128
8・行動主義心理学の学習理論，プログラム学習の原理 —149
9・社会構成主義，状況論 ——————————————154
10・教師—生徒と師匠—弟子 ————————————159
11・内容を基盤とした外国語学習 ——————————167
12・「もしも学習」と「そのとき学習」 —————————187
13・交通革命から学ぶ ————————————————196
14・「構成」としての学習 ——————————————203
15・「状況に埋め込まれた学習」 ——————————206

インターネットを活かした英語教育

1 インターネットの教育への導入

1 インターネットが教育へ導入されることの意味

1-1 学校へのインターネット導入の実態

　インターネットが教育の場に急速に導入されていることは，今さらあらためて言う必要もないことでしょう。この本が出版される時点では，全国ほとんどすべての小中高に，何らかの形でインターネットが入っています。大学でも，インターネットが全く利用できないところは皆無と言ってよいでしょう。

　これまでも様々なテクノロジーの学校への導入が試みられてきました。映画，ラジオ，テレビ，ＯＨＰ，コンピュータなど，「これで教育は変わる！」と鳴り物入りで学校に持ち込まれたテクノロジーは数多くあります。ちょっと変わったところでは，アマチュア無線などというものも，それこそ全国規模で学校に備え付けられたことがありました。しかし，今やアマチュア無線がある学校は非常に稀でしょうし，せいぜいクラブ活動で使っている子どもがいるかもしれないくらいで，授業で利用しているところは限りなくゼロに近いでしょう。

　テレビは今でも，全ての教室に備え付けられている学校が大多数でしょう。そして，ＮＨＫ教育テレビの学校放送番組はたくさ

ん放送されています。何らかの形で学校放送番組を利用している先生は少なくありません。長年学校放送番組を制作していた方に以前うかがったところ、「テレビのひとつの大きな特徴は、同じ時間に全国の大勢の人が同じものを見ることだ」ということでした。ところが、学校の先生方にうかがってみると、学校番組が放送されている時間に「生で」生徒たちに見せている先生は少ないようです。そうではなくて、番組をビデオに録っておいて、先生や生徒が必要な時にリソースとして使うのだそうです。実際に教室で行うことのできない実験についての映像を見せるとか、実際に足を運んで見ることができない場所の風景を見せるということです。そして、番組全体を流すのではなく、必要な箇所だけ見せることも多いそうです。番組を作った方々は、番組全体の流れや展開を一所懸命に考えているのに、教室で使う先生の中には番組全体ではなく、番組の中で提供されている素材のみを利用している方が少なからずいるということです。その意味では、テレビというよりビデオを使っていると言えるでしょう。

　インターネットはどうなるのでしょう？　映画やアマチュア無線のように、やがては学校から消えていくのでしょうか。テレビのように、違った形で部分的に生き残っていくのでしょうか。それとも、黒板やノートのように、学校の中に定着していくのでしょうか。

　もちろん、「将来どうなるのかな」と傍観者的に予想していてもはじまりません。そもそも、未来は自然にやってくるものではなく、私たちが作っていくものです。そして、未来を作っていく中で、「今」をしっかりとらえておくことはとても大切なことです。今、インターネットがどのように導入され、どのように使われているのか、それはどのような意味を持っているのか、ということを一度立ち止まって考えることなしには、それこそ流れに身

をゆだねて未来を待っているだけになってしまいます。

　文部科学省の「学校における情報教育の実態等に関する調査結果」(http://www.mext.go.jp/b_menu/toukei/001/index16.htm)によりますと，平成12年度末現在で，全国に38,995校ある小中高等学校のうち，97.7％にあたる38,093校にコンピュータが設置されており，81.1％にあたる31,638校がインターネットに接続可能となっています。

　平成12年度から17年度までの「教育用コンピュータ整備計画」では，コンピュータ教室では1人1台使えるだけの数のコンピュータを設置した上，普通教室それぞれに2台と特別教室等に6台を整備しようと計画されています。「教育用コンピュータ整備進渉率」は，小中高等学校すべてを合わせると，40.5％となっています。小学校では26.6％，中学校では50.3％，高等学校では74.1％と，校種が上になるにしたがって整備進渉率は上がっています。

　また，平成13年度中に全学校をインターネットに接続し，平成16年度を目標に校内LANを整備していこうという計画になっています。平成12年度末現在では，インターネットに接続している学校は，全体の81.1％の31,638校です。また，全教室の11.5％がLANに接続されています。この整備計画が達成されると，「コンピュータ室」という特別な部屋にだけコンピュータが置いてあって，非常に限られた時間しかコンピュータやインターネットが使えない，というのではなくて，日常的に授業中や休憩時間などに手軽にコンピュータやインターネットが使えるようになってきます。

　コンピュータやインターネットはこのように物理的に整備が進みつつありますが，それを使う教員はどうでしょうか。平成12年末現在で，コンピュータを操作できる教員は全体の79.7％にの

ぼっている一方，コンピュータを指導できる教員は40.9%に過ぎません。コンピュータを「操作できる」というのは，「ファイル管理」「ワープロ」「表計算ソフト」「データベースソフト」「インターネット」「プレゼンテーションソフト」「教育用ソフトやインターネット等を使った授業」のうち2つ以上ができるものが該当します。「指導できる」というのは，「教育用ソフトウェア，インターネット等を使用してコンピュータを活用した授業等ができる場合」が該当します。

ワープロで印刷物を作成したり，表計算ソフトで成績管理をしたり，自宅で電子メールのやりとりをしたりしていても，「私はコンピュータのことはよくわかりませんし，コンピュータを使って教えるなんてとてもできません」とおっしゃる先生に数多く出会ったことがあります。「コンピュータやインターネットは，自分で使う分には便利だなと思うけど，授業で使うことは考えることもできない」とおっしゃる先生も少なからずいらっしゃいます。

1-2 インターネットで教育が質的に変わるか

インターネットは，様々な点で便利な道具です。例えば，電子メールを使えば，地球の裏側の人にでもほとんど一瞬と言えるほどの短い時間で通信文を送ることができます。今までの郵便を使った通信と比べて考えてみると，伝送速度は劇的に速くなっています。このことは，教室での学習にとって，決して小さなことではありません。もし英語の授業や国際交流の授業などの中で，外国の人と通信する必要がある時に，航空便を使っていたのでは，手紙が物理的に往復する時間だけで2週間も3週間もかかってしまいます。もちろん，相手が手紙を受け取ってから，それを読んで返事を書くまでにもある程度の時間がかかりますから，手紙が

1往復するのに1ヶ月以上かかることが当たり前になってしまいます。そうすると，一学期の間にせいぜい2・3往復のやりとりしかできません。これと比べて，電子メールを使えば，伝送速度はほとんど無視できますから，国内，さらには教室内で子ども同士の間でやりとりするのと同じような頻度で，遠く離れた人とメッセージのやりとりをすることも可能です。

インターネットで情報を入手することを考えても，これまで教室・学校で利用可能だった図書などのリソースと比較して，格段に多量の，多種多様な情報を手に入れることが容易にできます。学校の図書館や教室に備えられている図書の数には限りがあります。教師や生徒が公立図書館や自宅から持ち込むことができる図書もあるかもしれません。公立図書館に行けば，その図書館にない本を取り寄せるなどして，学校の図書館と比べたらかなり多くの情報を入手することができるかもしれません。しかし，今情報を得たい事柄に関連した図書を的確に見つけることは，容易でない場合が多いですし，近所の図書館の蔵書にない場合に取り寄せてもらったり，国会図書館に出向いて行ったりするのは，時間もかかります。それに比べて，インターネットの検索システムを使うと，手軽にたくさんの情報を一瞬で手に入れることができます。

このように，インターネットを使えば，遠く離れた人とコミュニケーションをすることも，情報を入手することも，素早く大量にできることが多々あります。ところで，このようなインターネットの利点は，従来のメディアと比較して，ある意味では単に「量的」な違いに過ぎません。伝送のスピードが1週間から1秒になるのは，要する時間の量的な変化です。多くの情報を素早く得られるというのも，スピードの短縮と得られるものの量の増大という量的な変化です。

「量的な変化」と言ってしまうと，「なんだ，単にちょっと速

くなったり，ちょっとたくさんのものが手に入るようになったり，ちょっと便利になるだけじゃないか」と思う人もいるでしょう。特に，「便利になる」というと，「効率的」などということばを連想して，「教育に効率という考えは馴染まない」という話まで頭に浮かんできて，「便利になんかならなくたっていい」と考える人もいるでしょう（実際にそのように考えている学校の先生は少なからずいます）。

しかし，「単なる量的な変化」なのでしょうか。例えば，年収300万円の人と，年収3,000万円の人では，収入の違いとしては「単なる量的な違い」です。しかし，量的な違いが大きくなれば，それは質の違いをもたらし得ます。年収300万円と3,000万円では，暮らし振りが全然違ってくるかもしれません。「買い物するものの値段が違うだけだ」とか「旅行に行く回数が違うだけだ」とか「家の大きさが違うだけだ」というように，どこまでも「量的な違い」だけで言い張ることもできるかもしれませんが，そんな風に言っても単にひがみだとか強がりにしか聞こえないでしょう。これが，年収300万円と350万円の違いくらいでしたら，「質の違い」と言えるようなものは出てこないかもしれません。しかし，量の違いが拡大すると，全く異なった質のものがもたらされることは多々あります。

では，インターネットで情報の流れが量的に変わることによってもたらせることができるかもしれない，質的な違いというのは何なのでしょうか。

1-3　「学び」概念の見直し

コンピュータやインターネットを使って，これまでの形の学習をより効果的・効率的にするということもできるかもしれません。

例えば，コンピュータでテストをすることによって採点を自動化すれば，教師の手間が省けて，効率的に教育が行えるかもしれません。図形について教える時に，紙の上で静止した図や黒板に描いた図を見せるだけではなく，コンピュータの上で三次元の立体モデルを動かして見せることができれば，よりわかり易くなるかもしれません。「正しい」ことについて教師が生徒に「教える」，そしてその過程で教える効果をあげるために生徒の「理解」をより効果的・効率的にする，そのような枠組みでコンピュータやインターネットを使うこともできるわけです。

しかし，インターネットが学校・教室に入ってきてもたらされようとしている最も大きな変化は，このような既存の学習・教育観の中での効率・効果の向上ではなく，「学ぶ」「教える」ということの考え方自体の見直しなのではないでしょうか。

ここ数年，学校教育の現場では，様々な標語的なことばが盛んに言われています。「自ら学ぶ」「共に学ぶ」「生きる力を学ぶ」などなど，いまひとつ漠然として，先生方も困惑している部分が少なくありませんが，少なくとも今までの学力・知識観や学習・教育観とは違うものが学校教育の中にもたらされつつあるということは確実でしょう。また，2002・2003年度から，小学校・中学校・高等学校のすべての段階で，「総合的な学習の時間」が設けられます。今までの教科で区切られた学習ではないものが求められています。

今までの学習観・教育観の枠組みの中で，効率・効果の向上のためのひとつの道具としてコンピュータやインターネットを使うのならば，抵抗なく導入するにしても，「そんなもの要らない」と拒絶するにしても，話はわかりやすいと思います。しかし，現代そして未来の社会が要請する「学習」「教育」のあり方を具現化すること，これまでの学校教育の歪みを是正して真の「学び」

を実現すること,といった根本的な問題に関わる形でコンピュータやインターネットが重要な役割を担うのであれば,原点に立ち返って様々な問題を深く考えていかなければならなくなります。コンピュータやインターネットの教育利用について考える最大の意味は,実はそこのところにあるのだと私は思います。

インターネットという新しい道具が学校・教室にもたらされたことは,その意味では,「学び」を根源から考え直す大きなきっかけになり,またそのための有効な道具になると考えます。また,もしそうでないなら,インターネットも単なるひとつの「はやりもの」の道具になってしまうのではないかと思います。

学習や教育のあり方を根本的に見直すよい道具と機会が与えられていると考える以上,そうした観点からきちんと考えておくことは重要なことです。結果的にインターネットの教育利用が定着しなくても,インターネットを使わない先生が多数いても,そんなことは小さな問題ではないでしょうか。

2 英語教育へのメディアの導入

語学教育ではこれまでさまざまなメディアが導入されてきました。それは語学教育と音声が切り離せない関係にあることと無縁ではありません。レコード,ラジオ,テープレコーダー,ビデオなど,どれも音声を主な目的にしていました。

今,始まっているインターネットの語学教育への利用はこの延長線上にあるのではないところに大きな特徴があります。インターネットの語学教育への導入はまず電子メールから始まりました。インターネット上での音声や画像の利用も広く行われてはいますが,それがインターネットの中心ではありません。新しいメディアであるインターネットを語学教育に導入することの意義は

何か，このことを本節で考えてみたいと思います。

2-1 始まったインターネットの導入

　語学教育は視聴覚機材の導入に熱心な分野です。LL（Language Laboratory）は語学教育という目的に特化して作られた視聴覚教室で，他の教科にはみられません。テープレコーダーやビデオテープレコーダーが世に出ると，語学教育ではその利用がいち早く試みられてきました。1950年，日本で最初の磁気テープとテープレコーダー「G型」が東京通信工業（現ソニー）から発売されました。そのときの価格は16万円。当時，大卒の初任給はおよそ3～4千円でしたから，今（2002年）の感覚で言えば，800万円近くになるでしょう。G型発売の4年後，雑誌『英語教育』には早くも「Tape Recorderの利用」という記事が発表されています。

　英語教育におけるテープレコーダーの利用に関する日本でおそらく最初の解説と思われるこの記事では，その利点について次のように熱をこめて述べています。「Magnetic tape recorderについて云うならば肉声（原音）に殆ど近い音が永く保存でき，何時でも再生して聞ける」「何時でも再生できると云う点ではradioよりすぐれている」　また，その利用法については次のように解説しています。「Oral introductionに利用することもできる。教師自身の肉声でgestureをたくみに熱を入れてやるのは結構なことであるが，多数の生徒を一教室に入れて，多くの授業時間を受持つ場合には疲労もはなはだしい」「学習のatmosphereを作るのにも有効である。William Tellの物語が教材だったならば序曲の一部を予め録音しておいて利用したらよいと思う」　オーラル・アプローチの花が咲くのを目前に音声への期待が高まるなか

	LA Times	朝日新聞
1991	0	0
1992	0	0
1993	75	1
1994	430	97
1995	1,432	693

	LA Times	朝日新聞
1996	2,779	2,418
1997	3,316	3,890
1998	4,523	3,805
1999	7,628	5,335
2000	9,011	8,476

表1　「インターネット」という語が現れる記事の数

年・月	件数
1995年3月	9
1995年9月	132
1996年3月	320
1996年9月	685
1997年3月	1,520
1997年9月	2,206

年・月	件数
1998年3月	2,912
1998年9月	4,001
1999年3月	5,486
1999年9月	7,074
2000年3月	8,347

表2　高等学校，中学校，小学校，養護学校が公開している
　　　Webページの数

交流・共同学習の経験	高校	中学	合計	比
経験なし	220	111	331	46.4%
国内のクラス・学校	36	31	67	9.4%
地域のクラス・学校	19	27	46	6.5%
海外の学校や人々	50	26	76	10.7%
校内のクラス，学年間	30	27	57	8.0%
国内の学校外の人々	17	20	37	5.2%
地域の学校外の人々	15	14	29	4.1%
その他	61	35	96	13.4%
合　計＊	422	291	713	103.7%

表3　インターネットを使った交流・共同学習の件数

(＊2項目選択だが，経験なしの場合は1項目になるため，合計は200％に満たない)

で，テープレコーダーという新しい技術への期待が読みとれます。

今，私たちが直面しているインターネットという技術はテープレコーダーなどよりずっと巨大なもので，その発展は爆発的です。前ページの表1は『朝日新聞』(朝・夕刊)とアメリカの新聞 *Los Angeles Times* の過去10年間の記事について，「インターネット」という語が現れる記事を数えたものです。

1993年までは日米両国とも一般の人が「インターネット」ということばを目にすることはほとんどありませんでした。それが，1994年，インターネットは突如，一般の人々の前に衝撃的に姿を現します。その後の社会への浸透は爆発的です。

学校へのインターネットの普及も急です。前ページの表2は高

等学校，中学校，小学校，養護学校が公開しているWebページの数の推移について大阪教育大学が行った調査の結果です[1]。一番最近の数で見ると，1週間に約50校がWebページを新たに公開している割合です。これはインターネットを利用して行っている授業の数ではありませんが，そのめやすになるでしょう。

英語の授業ではインターネットはどの程度，利用されているのでしょうか。これについては，インターネットをメディアとして利用した交流・共同学習について大阪教育大学が行った調査（表3）がめやすになるでしょう[2]。

最も割合の高い「海外の学校や人々」という項目はおそらく英語の授業で海外とのメール交流と思われます。授業でのインターネットの利用では英語がいちばん進んでいるようです。

2-2 技術に対する期待と不安

新しい技術を教室に導入する際には不安がつきものです。とりわけ，コンピュータやインターネットは専門用語にあふれ，まるで秘術の世界のようです。ここ数年，いろいろな集まりでインターネットと語学教育について話をさせていただく機会がありました。そのうちのいくつかの集まりでは話の後に参加した方の感想をアンケートにしてまとめてくださったところもあります。感想のなかでいちばん多いのは次のようなものです。

「コンピュータ関係は苦手なので，話の前には，きっとわからない話が続くのだろうと思っていましたが……」

語学教育とコンピュータ，インターネットの話というと，技術の話だと身構えられるようです。しかし，語学教育とコンピュータ，インターネットを語るとき，その中心が技術であってはなりません。

技術は常に進歩します。この本を読んでおられる方はおそらくネットワークに接続してメールをお使いでしょう。しかし，数年前はパソコンをネットワークに接続するということだけでも大変な作業でした。たいてい経験のある人に頼んで設定してもらったものです。メールも専用のメールソフトウェアが現れる以前は画面からコマンドを入れて読んでいました。ここ数年でネットワークの利用環境は大きく変わりました。技術は進歩し，発展します。今，むずかしいと感じている作業も，数年後にはだれでも簡単に行えるものになっているでしょう。私たちがめざさなければならないのは，数年先，技術の進歩により古くなり，使えなくなる知識や技能ではなく，いつまでも真実として光る洞察です。

　私たちには底深い技術信仰があるように思います。それはコンピュータやインターネットのような先端技術に対したとき顕著に現れます。コンピュータの力を過信するあまり，「コンピュータができなければ」という熱狂的支持派になる人と，「コンピュータに何ができる」という否定派に分かれます。コンピュータは現代の「秘術」ともいうべきものです。コンピュータを自在に操ることのできる人は呪文により秘法を扱うことのできる魔術師です。呪文を唱えることのできない人はその無力感ゆえに秘術否定派にまわります。コンピュータ支持派も否定派も実は，技術信仰の裏表であるように思います。

　私たち教師の期待と不安は硬貨の表裏に似ています。新しい技術に対する不安の裏返しが期待です。「これほど苦労して学んだ技術だし，お金をかけて導入したものだから効果は大きいだろう」という期待です。

　しかし，このような期待は語学教育では裏切られ続けてきたように思います。その代表がLLです。テープレコーダーが出回り始めた頃，学校ではLLを設置するところが数多く現れました。

ヘッドフォンをつけてブースにすわる生徒の写真は学校案内の大きなページを割いてカラーで紹介されたものです。LLのない学校ではうらやましく、くやしい思いをしました。

　私の教えたある学校にも16mm映写機とブースと専任の職員を備えたLLがありました。しかし、使い方を知っている人はおらず、使う人はいませんでした。私はたまたま地域で行われた16mm映写機の講習会で操作法を習っていたことがあり、16mmフィルムをブリティッシュ・カウンシルなどから借りて授業で映していました。

　そのうち、LLはどんなものか知りたく、ブースも使ってみました。LLというのは基本的にはテープレコーダーで、教員のブースから流すテープを学生は自分のブースで録音でき、学生がそれぞれのブースで発音しているのを教員はコンソールのブースで聞くことができるしくみだとわかりました。学生に5インチテープを買ってもらい、テープ教材を使って授業を始めてはみたものの、格別効果のあるものとは思えませんでした。基本的にはテープを聞いて、発音を繰り返すだけですから、テープレコーダーを持っている学生は自宅でひとりでできる作業です。

　数年後、5インチテープは店頭から姿を消し、カセットテープの時代になりました。LL教室はほとんどだれも使わないまま廃棄されました。

　お金をかけ、技術を尽くしたのだから学習効果が上がるはずだという思いこみが私たちにはあるようです。LL教室を設置してそれで効果が上がらなければ、設備が不十分だと考えて、さらに高機能の機器を導入する。それでさらに失敗すれば、もっと高価で最新の設備を導入するということを繰り返してきたのが、これまでの視聴覚教室ではなかったでしょうか。

2-3 フレネに学ぶ

1924年，南フランスのアルプスにほど近い片田舎，ある小学校の教室をのぞいてみましょう。子どもたちが一心に作文に取り組んでいます。ある者は鍛冶屋の仕事を見た様子を，別の者は校外活動のときに捕らえた昆虫のことを書いています。題材はさまざまです。どのような題材を選んで書いてもいいのです。それを見守っているのは28歳になったばかりのセレスタン・フレネ (Celestin Freinet) です。

書き終わった子どもたちがひとりずつ教室の前に出て作文の発表を始めました。そのうち，ひときわ大きな拍手を受けたのは昆虫について書いた子です。それについての話し合いがみんなで始まります。「私ならこう書く」という意見がいろいろ出され，みんなで文章の推敲が始まったようです。作文はみんなの手で直され，ずっとわかりやすく生き生きとした文章になりました。

それからある日，子どもたちは印刷機の回りに集まっています。教室に印刷機が備えてあります。子どもたちは手慣れた様子で印刷機を動かし始めました。みんなで推敲を重ねた作文をまとめて文集を作ろうというわけです。印刷することでたがいの作文を読みあうことができます。2年後，フレネ先生は子どもたちの作文を学校新聞として印刷し，フランス中の小学校と交換しあうことになるのですが，フレネ先生も子どもたちもそのことはまだ知りません。

「フレネ教育」という名の教育思想，教育実践に名を残すセレスタン・フレネ（1896—1966）は教室にはじめて印刷機を持ち込んだことで知られています。子どもたちは自由作文を書き，それを印刷機により複製して学級文集を作り，みんなで読みあいました。これは今ではどこの小学校，中学校でも行われている活動で

す。しかし，当時は子どもたちが自分たちの意志で文章を書くというのは無謀なことと考えられていました。子どもたちには自分たちの思いや考えを相手に知ってほしいという欲求があります。フレネは印刷機を使って学級文集を作り，たがいに文章を読みあう関係を築きました。

フレネの実践の意義は，子どもたちの間に読み手，書き手という関係を築こうというビジョンを印刷機に見いだした点にあります。フレネにとって，印刷機は複製を作る道具ではなく，子どもたちの自己表現を促し，意味のある読み手，書き手という関係を築くメディアでした。

今，インターネット上で進められているメール交換はフレネの実践によく似ています。インターネットはフレネの印刷機です。子どもに自分の意志で文章を書かせるのはばかげたこと，名文を暗唱して文章の書き方を学ぶことが大切という考えにフレネは挑みました。英語もきちんとできないのにメールを書くのは時間のむだ，教科書に取り組むことの方が大切という考えがもし，周囲にあるとすれば，その考えに挑んでいるのが私たちインターネットに熱いまなざしを送っている英語教師です。フレネが読み手，書き手の関係を築きながら交流を進めたように，私たちもまた，メールによって新しい人間関係を築きながらことばを学ぼうとしています。

フレネにとって印刷機は新しい学びを実現するてだてでした。同じようにインターネットも外国語の新しい学び方を支えるてだてでなければなりません。

【注】
[1] 大阪教育大学による調査「インターネットの教育利用の現状 '00.1」
http://okumedia.cc.osaka-kyoiku.ac.jp/educ/enq00/enq00a.

html
[2] 大阪教育大学による調査「インターネットの教育利用の現状 '00.1」をもとに作成。http://okumedia.cc.osaka-kyoiku.ac.jp/educ/enq00/enq00b.html#4

2 電子メールを利用した実践

1 電子メールから始まった実践

　英語教育におけるネットワークの利用はまずメールから始まりました。インターネットが始まる以前のパソコン通信の時代，英語教師は早くからメールで海外との交流を始めていました。1200 bps，2400bpsといった，今から考えるといらいらするように転送速度の遅いモデムを電話線につなぎ，CompuServeなど外国のパソコン通信ネットワークに接続してメッセージを交換していました。接続についての知識も必要ですし，電話回線，ネットワーク使用料は自分の負担ですからだれでもできるというわけではありません。このため，英語教師は費用を自分で負担しながら，生徒の書いたメッセージをファイルにまとめて相手の教師に送り，相手もまた，生徒のファイルをまとめてこちらに送ってきました。教師はそれをプリントアウトして教室で生徒に読んでもらっていました。

1-1　一番の人気

　ネットワークを利用した英語教育のなかで最も広く使われているメディアは今もメールです。交流相手校を探すサービスとして

知られているものに Intercultural E-Mail Classroom Connections (IECC)[1] があります。ここで，2001年10月に掲載された相手校募集のアナウンスは幼稚園から高校3年まで合わせて239件，大学で26件です。交流校のマッチングを行うサービスは他にもありますし，このようなサービスを通さずに交流校を探す教員もいますから，世界中で行われているメール交流プロジェクトはこの何倍にもなるでしょう。メールは昔も今もネットワークを使った英語教育の一番の柱です。

1-2 中学校での実践

　日立市立助川中学校（茨城県）の中学校2年生が行ったメール交換の実践を見てみましょう。メール交流でよく失敗してしまうのは自己紹介だけで終わってしまい，そこから先になかなか交流が発展しないことです。それはメール交流を通して何をしたいか，目標が明確でないからです。助川中学校の実践はこの点で学ぶべきところが多くあります。

　助川中学校の実践では海外と交流を始めるとき，本や百科事典を使ってその国のことを学ぶことから始めました。世界地図に相手の国を書き込み，場所を確かめます。次に，調べた結果をもとに自分がその国について知っていること，イメージしていることをすべてノートの書き出します。それでもなお，疑問として残ったことを質問にしてメールで送ります。何回かメール交換を繰り返した後，わかったことを授業のなかで発表します。南アフリカとの交流では，野生動物の楽園と思いきや，「自然破壊が問題となっている」こと，中国との交流では「学校で昼寝が義務づけられている」など驚くような事実が報告されました。

　英語を駆使してメール交換というのは中学校の英語学習の力で

はまだむずかしいところがあります。このため、中学校では助川中学校のように質問とその回答という形でメール交換をすることが多いようです。

前橋市立第四中学校（群馬県）で行った実践も質疑応答を軸にしたものでした。第四中学校での実践は外国語指導助手（ALT）を通してカナダの小学校から日本の文化について60の質問が届いたことから始まりました。生徒はグループを作って、たがいに知恵を出し合いながら英語の質問の意味を読み取り、共同で回答を作りました。次はカナダの小学生からの質問とそれに対して第四中学校の生徒たちが作った回答を日本語で示したものです。

「あなたの学校では、宗教を学んでいますか」
「学んでいません」
「あなたの学校のバスはどのようなものですか」
「私たちは歩いて学校に行きます」

宗教を学校で教えるかどうかはカナダ、アメリカでは大きな争点となっています。学校に通うのにスクールバスを使うのはカナダやアメリカの生徒にとっては当然のことです。小学生の質問の中にすでに文化的な前提が異なるものが含まれています。日本人にはわかりづらい質問、答えられそうにない質問に接して生徒は文化の違いに気がつきます。

カナダに回答を送るとともに、こちらからも質問を送ります。返事が届くと、グループごとに交流の体験を授業で発表しあいます。

1-3 高等学校での実践

高校では生徒の英語の力もついて、中学校より多彩なメール交流の活動が行われています。しかし、その基本はネットワークが

なければ出会うことがなかった人と人とを結びつけ，新鮮な驚きを体験しながら交流するということです。その代表例として白水堅慈先生が福岡県立築上西高等学校で教えておられたときの実践を紹介してみましょう。次は築上西高校の1年生とアメリカの中学1，2年生の間で行われたメールによる交流の様子です。

メール交流では思いがけないところから話が発展します。自己紹介から始まったメールのやりとりのなかで，アメリカの生徒は数学の時間に定規，コンパスを持ってくることがないらしいということがわかりました。交流校の先生からは「日本の生徒はどのような文房具を学校に持ってくるのですか」という質問が届きました。白水先生のクラスの生徒たちは自分たちが学校に持ってくる文房具のリストを作りました。（シャープペンシル32人，消しゴム32人，筆入れ30人，定規30人，ボールペン19人，のり5人，鉛筆2人，分度器1人）　筆入れを pencil case と知らせても，相手はわからないでしょうから，これは写真にとって Web ページに掲載しました。

白水先生はまた I Have a Dream, Too. と名付けられた実践も行われました。キング牧師の I Have a Dream. というスピーチを背景にしたものです。このメール交流では日米両国の高校生が次の5つの質問に答えあいました。

1. 大人になったら何になりたいか。
2. 大人になったとき，どんな世界になってほしいか。
3. そのような世界を実現するのに私は何ができるか。
4. 有名な人で，すばらしい夢をいだいていた人にはどんな人がいるか。
5. 私の夢。

それぞれの問いに次のように短く答えます。アメリカ人中学生が1と2に答えた例です。

1. Journalist / Actress（ジャーナリスト／女優)
2. I like our world the way it is, but I would like it more if it had less violence and more peace.（今のままが好き。でも，暴力が少なくなり，もっと平和になればさらに好きになれる）

やさしい，短い文章での応答ですが，自分と世界の将来について，同じ質問に答えあうことで，驚き，省察につながる意義の深い実践です。これらの実践を白水先生が行われたのはまだネットワーク環境の整わない1996年のことです。作品の送受信は先生が中継することで両校の生徒のかけ橋役をされました。時間と労力の実が結んだ実践です。

1-4　国際ライティング交換プロジェクト

メールを使った英語教育プロジェクトとして広く知られているのは国際ライティング交換プロジェクト（International Writing Exchange）[2]というものです。これは各国の大学生を対象にヘルシンキ工科大学（フィンランド）のルス・ヴィルミ（Ruth Vilmi）さんが創始し，代表者となっています。

その主旨は各国で英語を学んでいる大学生が同じ話題について作文の形で意見を述べ，たがいに読みあおうというものです。文化を異にする同年代の大学生どうし，共通にかかえる問題について意見を交換することを通してライティングを学ぼうというのがその眼目です。テーマはプロジェクトごとに10の話題が設定されます。第11回目のプロジェクトで設定された話題には次のようなものがあります。「万事金の世の中」「死刑は野蛮だ」「戦争と平和：どうして人は学ばないのか」「祖国を誇りに思う3つの理由」「妊娠中絶：是か非か」「おすすめの映画」

このプロジェクトが始まったのは1993年で，以来，各国から毎年10校から30数校が参加し世界的規模で展開されています。これはヴィルミさんがヘルシンキ工科大学で授業として行っているもので，各国のライティングのクラスがそこに参加しています。授業の内容はインターネット上に公開されており，インターネット上の一大ライティング教室といった趣です。

　このプロジェクトの特徴はメールとWebが連携している点です。参加者は一般のメールとして作文を送ります。ヴィルミさんの側ではプログラムによりそれをHTML文書化してWebに掲載，蓄積していきます。つまり，書く場合にはメールを，読むにはWebを使います。参加者は多数で，同じ話題を選んでもそれについて作文を書く人はたくさんいます。それをメールで受信していてはとても読みきれません。

　IWEの特徴は進行の予定が決められ，きっちりとした手順で進んでいく点です。世界各国の学生が集中的に意見を交換しあうため，作文を提出する締め切りは土曜日の24時と決められています。

　プロジェクトは5週間から6週間単位で行われます。これをラウンド（round）とよびます。1週目は参加するための準備です。IWEのしくみときまりを読み，テスト・メッセージを送って，メッセージの送り方，読み方を学びます。また，参加している他の学生に向けた自己紹介の文章を用意します。この週は自分が参加したい話題を決めるだけで，まだメッセージは送りません。

　2週目で自己紹介の文章を送ります。また，400〜500語で自分が選んだトピックについて文章を書きます。オンラインで行うこのようなプロジェクトの強みは過去の作品を蓄積していくことができることです。どのように書いていいのかわからないという学生はこれまでのラウンドで蓄積されている作文を読んで，書き方

のヒントを得ることができます。どうしても話題に困るという学生は「その他」(Miscellaneous) というカテゴリーで文章を書くこともできます。

3週目では投稿された文章を読んで，そのうちのひとつを選び，400語以内で返事を投稿します。他に興味をもった文章があればいくつ返事を書いてもかまいません。また，教室ではグループに分かれて，すぐれた文章とはどのようなものか討論を行います。

4週目では投稿された文章に返事を書く作業を続けます。5週目では自己評価を行います。クラスでどのような文章に興味をもったか，つまらなかった文章はどのようなものかを話しあいます。また，それを500語程度の文章にまとめます。6週目では上でまとめた文章をIWEに送ります。

1-5 プロジェクトの工夫

IWE はメールによるメッセージ交換プロジェクトとして高い完成度があります。過去10年近くの経験を積んできただけに，メール交換でだれもが経験する困難を解決する工夫が組み込まれています。

メール交換プロジェクトで一番多い失敗はメールを書きっぱなしで終わるということです。最初，自己紹介をするところまではうまくいくのですが，そこから話題が広がらず，交流が立ち消えになってしまうことがよくあります。ただ「メールを書いて，意見を交換してみましょう」という指示だけではうまくいかないのです。IWEでは6週間にわたって週ごとに行うべきことがらを順序立てて決めています。また，話題が拡散しないようにカテゴリーを設けています。

順序立てて作られた計画ではあっても，学習者を束縛している

ということはありません。文章を送る締め切りを設けていたり，毎週何を行うかを定めていたりするのは，世界のさまざまな環境で学んでいる学生に出会いの機会を与え，交流の場を与える工夫です。

IWEでよく考えられていると思うのはEvaluation（評価）という作業が組み入れられていることです。この実践では学生が書く文章について教師は評価をしません。評価をするのは学生自身です。メールによる交流は楽しい活動です。しかし，そこから何を学んだのかをきちんと考える工夫がこれまでのメール交流では見逃されてきたように思います。文章はどのような書き方が望ましいのか，つまらない文章とは何かを見直す機会をIWEでは計画に組み込んでいます。

現在，広く知られるようになったIWEですが，その始まりは平坦なものではありませんでした。はじめ，学生を2人ずつ組にしてメール交換を行うと，どちらも熱心な人の場合にはうまくいくのですが，そうでない場合はどちらかが脱落していくという失敗を繰り返してきました。このような失敗のなかから生まれたのがIWEです。

また，IWEが生まれた経緯も象徴的です。当初，大学はその運営費用をまかなってはくれませんでした。そのため，学生がボランティアとして参加して機器の保守を担当し，インターネット上で知り合った人々が運営を支えてくれました。人と人とが出会い，力を出し合って作業を進める，いわばネットワークの思想を体現した実践といえます。

1-6 世代を超えた出会い

文化を異にする同年代の学生を結ぶIWEとは逆に，異なった

> ## コラム1・
> ## 人と人とをつなぐコンピュータ
>
> 　長崎県佐世保市立中里中学校の国語教諭，近藤真さんは学校のパソコンに俳句と短歌のデータベースを作られました。データベースには1955年以降の中学校国語教科書に収録された短歌，現行の小学校，高校の教科書に収録されている短歌，あわせて500首と俳句440句が収録されています。
>
> 　短歌，俳句にはそれぞれキーワードがつけられており，キーワードから作品を作者，主題別に検索できます。「北原白秋」をキーワードにすれば北原白秋の作品だけが，「青春」をキーワードにすれば，さまざまな作者の作品のうち，「青春」を主題にした作品を横断的に検索することができます。
>
> 　生徒は思い思いのキーワードを入れては自分の今の気持ちを表した作品を探します。作品を見つけだしたら，「この歌が好きです——あなたにすすめるこの一首」というテーマで，クラスメートにあてた210字の文章をパソコンで作ります。これはそのままクラス文集になります。さらに生徒は自分と同じ歌を選んだ人，新しい発見をもたらしてくれた人にメッセージを書きます。
>
> 　近藤先生のパソコンは第1章1-2で紹介したフレネの印刷機です。短歌・俳句データベースによる自分さがしの旅を縦糸に，クラスメートとの新しい人間関係の構築を横糸に学びの共同体が作られます。近藤先生の学校のパソコンはインターネットにはつながっていない，MS-DOSの旧式パソコンです。
>
> [1] 近藤真『コンピューター綴り方教室：子どもたちに起きたリテラシー革命』(太郎次郎社，1996年)

世代間でのメール交換も行われています。冒頭に紹介した，交流校紹介サービスIECCは1999年，IECC-INTERGENというサービスを始めています。これは50歳以上の人と生徒たちとのメール

交換をとりもつのが目的です。同年代の若い人どうしのメール交換は文化背景を異にしていても，経験という点からは同質的です。しかし，若い人と年配の人の組み合わせでは経験の長さの違いから同年代どうしの交流とは異なった緊張感，新鮮さが生まれます。

　メール交流の眼目はふだんであれば出会うことがない人どうしを結び会わせ，学びの場を作るところにあります。書き手と読み手という社会的関係を生みだし，実生活という場面のなかで言語活動を行うところにメール交流の意義があります。ネットワークを使った英語教育ではメール交流はこれからも大きな柱として続いていくことでしょう。

【注】

[1] http://www.iecc.org/
[2] http://www.ruthvilmi.net/hut/Project/IWE/
[3] http://www.sukegawa-j.ed.jp/1998/kyouka/eigoka/eigoka2neneigo.htm
[4] http://www.daiyon-jhs.menet.ed.jp/eigo/eigo.html
[5] http://www.mars.dti.ne.jp/~kenjis/halls/
[6] http://www.mars.dti.ne.jp/~kenjis/halls/drm1.html
　http://www.mars.dti.ne.jp/~kenjis/halls/dream1.html

2　電子メールを使うことの意味

　電子メールは，インターネットの機能の中でも最も手軽に使え，最も多くの人が利用しているものです。絵や写真がついていなくて，太字や色文字なども使っていない，ごく単純な文章だけのメールであれば，高性能のパソコンも複雑なソフトも必要ありませんし，通信回線の容量が小さくても伝送時間を気にせずとも

あっという間にメールの送受信が終わってしまいます。実際，私が電子メールを使い始めた頃は，300bpsのモデムを使っていました（1985年前後のことです）。現在ノートパソコンについているモデムは56.7Kbpsあたりのスピードが普通ですが，その200分の1近くの「遅さ」のモデムだったわけです。しかし，普通の文章の電子メールをやりとりするのに，それほど大きな支障はありませんでした。その意味では，最新鋭の高性能なパソコンや高速のインターネット専用線を導入することが必ずしも容易でない学校現場でも，電子メールというのは非常に使いやすいメディアと言えるでしょう。

映像，画像，音声などを多用したマルチメディアのCD-ROMやWeb上の情報を利用するためには，コンピュータの性能やネットワークの回線の太さなどが，電子メールと比べてはるかに重要になってきます。少し古いパソコンやソフトでは対応できないことがしばしば起こっています。そう考えると電子メールの簡便さは際立っています。

しかし，電子メールがここまで人々の間に普及し，教育の場でも盛んに使われるようになってきているのは，単に電子メールが手軽に簡便に使えるから，というだけではないだろうと思われます。携帯電話の決して使いやすいとは言えない小さなプッシュ・ボタンを押してメールを打っている姿や，小さいスクリーンでメールを読んでいる姿は，今や電車の中でも街中でも，至る所で見かけられますが，電子メールの何が人々をそこまで惹きつけるのでしょうか。

また，その一方で，電子メールの匿名性を悪用した犯罪，特に出会い系サイトで出会ったメル友などによる事件が最近では社会の大きな問題となってきています。電子メールのもつこうした負の側面，影の部分も，電子メールの特徴に起因するところが多々

あるでしょう。それは，電子メールの魅力的な特徴の裏返しという面も多いと思います。

この節では，まず電子メールの「便利な」面を，他のコミュニケーション・メディアと比較しながら考えていきます。その上で，負の面も含めて，電子メールがどのような性質をもったメディアなのかを整理したいと思います。

2-1 時間・空間的便利さ

電子メールを使うことによって，時間と空間の壁を容易に超えることができます。郵便による手紙と比較してみると，手紙は国内でも相手に届くのに1日から数日かかってしまいます。外国となれば，数日から数週間かかります。手紙という物理的実体のある「モノ」の移動には，地理的な距離が直接関わってきます。それと比べて，電子メールは通常どこにでも実質的に「一瞬」で届きます。外国語の学習活動の一環として，外国の人とメッセージのやりとりをすることを考えた時に，この伝送の速さは非常に有利な点です。航空便を使っても，例えばアメリカやヨーロッパの国々にいる人と手紙のやりとりをするのに，読み書きする時間を考えに入れれば1往復するだけで1月前後はかかってしまうでしょう。一学期の間にほんの数回しかやりとりができなくなってしまいます。もちろん，頻度が多ければそれでいいというわけではありませんが。

また，電話と比べてみると，電子メールのもつもうひとつの重要な特徴がクローズアップされてきます。電話は基本的に，お互いが同じ時間に会話に参加することが必要になります。しかし，電子メールではその必要がありません。送り手が都合のいい時間に送り，読み手は都合のいい時間に読むことができます。このこ

ともまた，外国とのコミュニケーションには有利な点となるでしょう。時差のない，またはほとんどない国々とであれば，時間を気にせず電話をかけることもできますが，時差の大きな国とであれば，時間を慎重に選んで電話をかけなければなりません。学校の教育活動の中で利用することを考えた場合には，時間の制約は無視できません。お互いに自分の都合のいい時間に読んだり書いたりすることができる，というのは大きな利点になります。

伝送の瞬時性とコミュニケーションの非リアルタイム性が組み合わさることによって，外国語の学習者にとって電子メールはとても使いやすいものとなります。自分の側で読み書きする時間を，最大限にとることができるということになるからです。辞書をひきながらじっくりと読んで相手の言いたいことをしっかりと理解し，自分が言いたいことをゆっくり考えてそれを慎重に外国語で表現する，ということに時間を十分にとることができるわけです。表面的にただ外国語を使うのではなく，そのような熟考の過程を経ることによって，外国語の知識や技能が磨かれていくことが期待できるのではないでしょうか。

2-2 文字コミュニケーション

電子メールと，面と向かって話をする場面とでは，大きく異なることがひとつあります。それは，電子メールはもっぱら文字に頼ったコミュニケーションだということです。声の調子，顔の表情，ジェスチャー，などといった視覚的・聴覚的・触覚的な手段はほとんど利用することができず，言語的情報によって意思疎通を図らなければならないわけです。

文字のみによるコミュニケーションであるために，電子メールでは言いたいことが的確に伝わらなかったり誤解が生じたりする

こともあります。メーリングリストや掲示板で,「フレーミング (flaming)」と呼ばれる現象が起こることはしばしば言われていることです。フレーミングというのは,ネットワーク上のコミュニケーションで起こる攻撃的な言い方の応酬のことです。他の人が言ったことにコメントする中で,「そういうことを言っても意味がないのではないでしょうか」などと発言すると,それに対してもとのメッセージを書いた人が「人の意見に対して意味がないなどと言うのは,それこそ意味がないのではないですか。私の言ったことのどこが間違っているのかを,きちんと反論するならそれに応えようもありますが,そんなことを言っては話になりません」などと言い返し,それを受けて「意味がない意見にいちいち反論する必要はありません」などと,どんどんエスカレートしていくことがあります。

この「フレーミング」現象は,電子メールでの文字によるコミュニケーションの中で,「社会的手がかり (social cues)」が少ないことが原因だと言われてきました。声のトーンや顔の表情といったことだけでなく,話している相手の年齢や社会的地位といったものも全く見えないわけです。面と向かって話をしている時ならば,相手が年長者か同年輩か年少者かによって話し方が変わってくる場合も多いでしょうし,相手が社長さんか部長さんか同僚か部下かによっても違いが出てくるでしょう。そうした相手の属性は,面と向かっていればすぐに見てとることができますが,電子メールではそうした手がかりを得ることが困難または不可能なことがほとんどです。

電子メールでの文字コミュニケーションの制約を補うための工夫も,ネットワーク上で出現してきています。英語の電子メールで古くからあるのは,強調などを表すための表記の工夫です。例えば,文頭だけでなくすべての文字を大文字で記すことによって,

強調のニュアンスを表現できます。"I AM ANGRY!"と書けば，怒っているのだということを思いっきり叫んで表現していることになります。また，特定の単語を強調する時に，その単語の前後をアステリスクなどで囲むという工夫も，かなり以前からあります。"That ＊is＊ what I meant."と書けば，「それこそまさに，私の言おうとしていたことだ」というように，"is"が強調された意味になります。

顔文字（または顔マーク，フェースマーク）というのも，文字だけのメッセージに感情を吹き込むための道具となっています。顔文字が初めて登場したのは1979年，アメリカでのことですが，あるメーリングリストでフレーミングが多発したために，その対策として提唱された，と言われています。アメリカでの顔文字は，笑顔マークの :-)，不機嫌だったり困ったりしている時の :-(が代表例ですが，コロンやカッコなどの記号を使って，顔を左に90度傾けた形を作っています。

日本は，私の知る限り，アメリカ以外で独自の顔文字を「発明」した唯一の文化です。日本独自の顔文字が登場したのは，1986年とされています。それ以前には，「アメリカ版」の顔文字がしばしば使われていましたが，(^_^)のような，現在日本で広く普及している「縦型」の顔文字が発明されたのが，1986年なのです。この顔文字は，今やインターネットだけでなく，携帯電話でのメールのやりとりでも，非常に頻繁に使われています。これだけ顔文字を使っているのは，世界でも日本だけではないでしょうか。アメリカでさえ，日常的なメールのやりとりの中で，こんなに顔文字を使っていません。

日本の顔文字におけるバリエーションの豊かさは，実に目を見張るものがあります。最も頻繁に使われる(^_^;)という冷や汗つきのものを筆頭に，m(..)m や (^_^)/ のように手が表情を添

えていたり，(-_-) (? ?) (~_~) (Ｔ Ｔ)といった具合に目の表情が豊かだったり，様々です。

　かなと漢字を使い分けるというコンピュータにとってはやっかいな日本語の特徴も，顔文字のバラエティの豊富さに貢献しているかもしれません。というのは，漢字変換システムの辞書に顔文字を登録しておけば（あらかじめ登録してあるものもあります），打つのがやっかいな記号を打たなくても，例えば「かお」と入力して変換キーを押せば，様々な顔文字からお好みのものを選ぶことが手軽にできます。このような芸当は，文字の変換システムがない英語その他の言語では，あり得ないことです。

　顔文字はこのように，ニュアンスや感情を表現することによって，文字だけでは伝わりにくい部分を補う役割をもっています。欧米人は，ことばによって自分の意思を明確に表現することを小さいころから鍛えられてきており，その意味でも顔文字を使うことに抵抗を感じる人も少なくありませんし，顔文字なしで意図を伝えることが自然にできる人が多いということもあるでしょう。それに対して，日本人はややもすると，コミュニケーションの中でことばへの依存度が低い場合が多いようです。ことばでは明確に表現せず，その他の様々な手段を用いて意図を推し量ってもらえるようにする，というコミュニケーション・スタイルを持っているのです。そう考えると，ストレートに感情を表現するというより一歩引いたようなニュアンスの(^ ^;)が頻繁に使われるのも，よく理解できます。この顔文字の「意味」を欧米人に理解してもらうのは，かなり困難です。

　こう考えてくると，電子メールでの文字コミュニケーションは，ある意味では日本人が日本語で行っている日常的なコミュニケーションのスタイルでそのまま行ってしまうと，他文化の人には伝わりにくくなってしまう場合があると言えるかもしれません。逆

に考えると、これは外国語を学ぶ上でとても大事なことではないでしょうか。つまり、言語情報に頼って文字でコミュニケーションを行わなければいけない状況に立たされることによって、言語をきちんと習得し、きちんと使いこなしていくということが要請されるからです。この点でも、電子メールは、外国語を学習する道具または環境として、従来のコミュニケーション状況とは違った、ある意味で有利な条件を備えていると言えるのではないかと思います。

2-3 匿名性

電子メールを含めてネット上のコミュニケーションは、匿名性が高いと言われることがあります。出会い系サイトで知り合った人の間での事件などでも、この匿名性がひとつの要因のように言われがちです。ネット上での匿名性は、上で述べてきた文字コミュニケーションへの依存という問題のひとつの派生的な問題とも考えられます。

もともとインターネットは「実名主義」でした。インターネットが一般の商用利用に開放されたのは1991年のことですが、それ以前は、実名でメッセージのやりとりをするのが当然と見なされていました。それに対して、いわゆる「パソコン通信」では、ハンドルネームと言われる「ニックネーム」でコミュニケーションをし合う文化が築かれてきました。そして、実世界での名前やアイデンティティとは切り離して、ネット上でのハンドルネームがひとつのキャラクターとして独立して存在することになりました。1991年にインターネットが開放され、それまでのパソコン通信が続々とインターネットに接続され、パソコン通信のユーザがハンドルネームでインターネット上の掲示板やメーリングリストに登

場するようになりました。その初期の頃には，そこかしこで，「インターネット文化」と「パソコン通信文化」との衝突もあり，また匿名性・実名主義に関わる議論も行われていましたが，いつの間にかパソコン通信で培われた匿名性がインターネットの上で市民権を得た感があります。

　匿名性と一口に言っても，いくつかの程度・形があります。最も匿名性が高い状態というのは，現実世界でどんな人なのかということとは完全に切り離された状態でしょう。例えば，実際には男性なのに，ネット上では女性を騙ることなどは，その一例です。また，オンライン・ゲームの一種で，アバター（avatar）と呼ばれるキャラクターをネット上の架空世界に作って，それを演じながら，他のアバターとコミュニケーションをするというのも，高度の匿名性をもっていると言えるでしょう。アバターは，完全に架空の存在だからです。

　それに対して，ハンドルネームを使っていても，実生活での「本当の」自分を反映させながらコミュニケーションをしていれば，匿名を使いながらも匿名性は低いと言えましょう。ネット上で匿名で知り合っても，少しずつ現実世界での自分をお互いに見せ合っていき，徐々に「実名」的な付き合いになっていくということも，よくあることです。

　また，実際には実名を使っていても，匿名的なコミュニケーションであるということも，ネットワーク上ではよく起こります。現実世界での知り合いでなければ，実名でもハンドルネームでも，ある意味では単なる「ラベル」に過ぎないので同じことだとも言えます。相手のことがどれだけ「見えるか，見えないか」という度合いによって，匿名的と感じるかどうかは決まるわけです。

　匿名でのコミュニケーションは，それだけでとどまっていては居心地が悪いと感じることも多くの人が経験することです。「オ

フミ(オフライン・ミーティング)」または「オフ会」と呼ばれる,ネット上で知り合った人々が実際に顔を合わせるという会合も,よく行われています。この側面だけ考えると,ネット上での匿名によるコミュニケーションは,現実世界でのコミュニケーションに比べて小さな役割しかない,ある場合は補助的な位置しか占めないもののように思えてしまうかもしれません。

　しかし,匿名性も場合によっては,利点をもつこともあります。前項で述べた「社会的手がかり」の少なさとも関連しますが,実世界での地位や身分や年齢などによってバイアスがかかることなく,純粋に議論の内容をぶつけあうことができる,というのもその利点のひとつです。実際,仕事や研究に関わる特定の話題についての議論では,匿名性のために,内容的議論がより活発に,しかも深いレベルで行われた,ということもしばしば見られます。それと関わりがありますが,ネットワーク上で出会って結婚した人の体験談では,「見かけにごまかされないで,中身をしっかり見極めることができた」というような意見がよく聞かれます。

　もちろん,匿名であることをいいことに,無責任に言いたいことを言い放つのは論外です。しかし,匿名性を批判するだけでなく,匿名性の特徴をよく理解した上で,それを活かす使い方をしていくことは,大切なことでしょう。また,ネットワーク上での「出会い」を,現実の人間と人間との深い関わり合いのきっかけとしたり,ネット上のコミュニケーションを現実世界での共同での活動の重要な一部として用いたりする,という視点も重要です。

　以上考えてきたように,電子メールというメディアは,文字への依存度が高く,相手の顔が見えにくいという特徴をもっています。その利点と制約をよく理解した上で,学習の場面でどのような使い方をするのが望ましいのか考えていく必要があると思います。

3 インターネット利用の効果

1 電子メールを利用した国際通信は英語力を向上させるか

　電子メールを使って英語で文章のやりとりをしたり，Web で英語の文章を読んだり，Web に英語のページを作ったり，MUD や MOO の上で英語を使って「会話」をしたり，テレビ会議を使って英語で会話をしたり，といった具合に，インターネットを利用して英語を「使う」ことはいろいろな形でできます。英語教育に関わっている私たちとしては，このように英語を使うことによって英語の力が上がるのだろうか，ということに当然関心をもちます。この節では，電子メールを利用して海外の人々と文章のやりとりをすることによって，「英語力」がどのように変わるのか，ということについての研究を紹介しながら，インターネットを利用した英語使用と英語学習の問題について考えていきたいと思います[1]。

1-1 英語のテストの成績が上がるか

　「英語力」が変わるかどうか，という問題を考える時に，すぐ頭に思い浮かぶのは，テストの点が上がるかどうかということでしょう。テストと言ってもいろいろなものがあります。すぐに思

い浮かぶだけでも,大学や高校の入学試験,学校の定期テスト,英検,TOEFL,TOEICなど,いわゆる「英語力」を総合的に測ろうとする試験だけでもいろいろあります。さらに,英語力といっても細かく考えれば様々な知識や能力の集合体ですから,細かい技能や知識を測る試験の種類は,無数といってよいくらいいろいろと考えられるでしょう。

まずは,総合的な英語力が,外国人と電子メールをやりとりすることによって上がるのかどうか,ということについて見てみましょう。

短大の学生が1年半にわたって,電子メールを使ってアメリカなど外国の人々と英語でコミュニケーションをしながら,自分た

コラム2・電子メールでの作文と読み手意識

インターネットを語学教育の中で使う一つの大きな理由は,電子メールやWebを使うことによって,「現実の」読み手に向けて文章を書く場ができるということです。小学生でも,通常の教室での作文と,ネットワークを使って電子メールで他の学校の子どもに手紙を書くのとでは,読み手についての意識が異なっていることが示されています[1]。先生が評価する教室での作文の方が,文法や語句の使い方などが「正しい」きちんとした作文が書けるのではないかと考える人もいるかもしれませんが,実際には,現実の読み手に向けて書いた方が,内容的にもより具体的でわかりやすかっただけでなく,文法や語句の使い方の誤りも少ない文章になっていたということです。具体的な現実的読み手がいる状況での作文と,教室での作文とは,本質的な違いがあるのです。

[1] Cohen, M., & Riel, M. (1989). The effect of distant audiences on student's writing. *American Educational Research Journal, 26*, 143-159.

ちの決めたテーマについて研究を深めていく，というプロジェクトがありました。そこでは，学生たちは，平均して月にA4版シングルスペースにして3～4枚程度の英文を送信し，6～8枚程度の英文を受信していました。学生たちは，辞書をひいたり，相談し合ったりしながら，英文のメッセージを書いたり読んだりしていました。

　この活動が始まって約4カ月の時と，そのちょうど1年後に，この活動に参加していた学生たちにTOEICを受けてもらいました。2回とも受けた7名の点数を見てみると，1回目の平均得点は422.1点だったのに対して，2回目は435.0点で，顕著な差があったとは言えませんが，わずかに向上しています。個々に見ると，10点上昇が2名，15点上昇が2名，20点上昇と65点上昇が各1名，とほとんどの学生について上昇が見られたのですが，45点下降した学生が1名いました。

　ちなみに，別の研究で，4年制のある大学とアメリカの大学とで国際コンピュータ通信（電子黒板を利用した通信と，一対一の通信）を約3カ月行い，その前後でTOEFLの点数がどう変わったかを調べたものがあります。この研究では，TOEFLのセクション1（リスニング力）では変化が見られなかったのに対して，セクション2（文法）とセクション3（読解力）では統計的に有意な向上がみられました。

　これらの研究は，対象としている学生の人数も少ないですし，英語を使った通信を行った頻度や期間もそれほど頻繁・長期間ではありません。それにもかかわらず，TOEICやTOEFLの点数が上昇する傾向が見られています。ということは，インターネットを利用して外国人と英語でメッセージのやりとりをすると，英語力の上昇が期待できそうです。

　しかし，ここで少し考えて見ることがありそうです。ひとつに

は，これらの研究の対象になっているのがごく普通の大学生だとしたら，もともとそれ程英語力が高くなかったということが考えられます。そして，高校や大学の時に，英語を使うこともなく，それどころかまともに英語を勉強したりしていないかもしれません。もちろん入試に通ってきたわけですから，ある程度は英語を勉強したかもしれませんが，「普通の」学生の英語力や英語経験はどれほどのものでしょう。実際，前者の研究の対象になった学生にインタビューしたところ，英語を使った経験はほぼ皆無（「道をきかれたことが一度ある」などが少数いた程度）でした。そのような学生ですから，ほんの少しでも，またいかなる形でも，英語に触れる機会があっただけで，英語の点数が上昇することはあり得ることです。つまり，電子メールやインターネットを使わなくても，何らかの形で英語に触れる機会さえ与えれば，これくらいの上昇は見られるかもしれない，ということです。

　もちろん，ただ英語の教科書を与えて「英語に触れろ」と言っても，あまり興味がかき立てられず，ほとんどページを開けることもなく，したがって英語に触れることにほとんどならず，英語成績も全く向上しない，ということは大いにあるでしょう。それと比べて，電子メールやネットワークを使うことによって，英語を使うことが必然的だったり自然だったりするような環境に置かれ，学生が英語を使うことに興味をもち，そのため英語に触れる機会が多くなって，その結果として英語の成績が向上したとすれば，電子メールを使う意味はあると言えるかもしれません。

　しかし，電子メールやインターネットを使って英語を使用する活動を行ったという，まさにそのこと自体の効果をもう少し深く見てみる必要があります。単に，たくさん英語を使ったら英語の成績が上がる，ということではなく，どのような活動を行ったらどのような力がついたのか，ということを細かく見る必要がある

ということです。

1-2 よりコミュニカティブな英語に

　たとえば，自分が書いた文章でもいいですし，他人が書いた文章でもいいのですが，文章を修正するということを考えてみましょう。ある人は，綴りの間違いや文法的な間違いはきちんと直すのだけれども，文章として内容的につじつまが合わないところだとか，ぶしつけな表現など読み手に合わない言い方などは全く直さなかったとします。別の人は，綴りや文法などはほとんど直さないけれども，内容に一貫性があるかどうか，読んだ人にわかりやすいか，などの点について不適切なところをあれこれ直したとします。この2人の人の英語力，もしくは文章を推敲する能力は，同じではないと考えてよいのではないかと思います。

　上で紹介した国際コンピュータ通信を使った学習活動に参加していた短大生に対して，日本人学生が書いた電子メールの文章を多少加工したものを使って，誤っているところや直したほうがよいと思う箇所を修正してもらうという課題をしてもらいました。そして，ネットワークを使った経験がまだ1カ月しかない学生たちと11カ月行ってきた学生たちとを比較してみました。その結果，この2グループの間で興味深い違いが見られました。

　学生がした修正の種類を3つのグループに分けて分析しました。当該箇所とそのすぐ前後を見れば，文法に関する知識や単語の知識から誤りや修正のしかたがわかるような「局所的修正」(綴りの訂正など)，前後数文の範囲で前後の部分との文法的・意味的対応を見なければならない「文レベルの修正」(代名詞の単複の訂正など)，文章全体の趣旨・意図や，表現の背後にある発想法などを参照する必要があるような「文章レベルの修正」(「私は4

人家族です」の意味で"I have four family"としているものを訂正する,など)の3グループです。

こちらが予め「誤り・不適切」として想定していた箇所のうちどれだけを訂正したか,という「正解率」を見てみましょう。結果は表4のようになっています。

ネットワーク経験	1カ月	11カ月
局所的修正	25.6	23.8
文レベルの修正	27.7	40.0
文章レベルの修正	2.6	14.3
合計	20.3	25.0

表4　修正の種類と正解率（単位％）

この結果を見ると,局所的修正ではほとんど差がなく,ネットワーク初心者の方がやや多いくらいです。それに対して,文レベルの修正と文章レベルの修正という,より高次の修正は,ネットワーク経験者の方がはるかに多くなっています。

つまり,経験者たちは,「直さないと誤解されたり不適切な文になってしまうような場合には直すけれども,きちんと意味がとれそうな場合にはそのままでよしとしてしまう」傾向があると言えます。

このような傾向は,ネットワークでのメッセージのやりとりを考えてみると,そこから学習されたものだと考えられそうです。ネットワーク上での電子メールのやりとりでは,「内容が正しく伝わること」「相手から返事がもらえるように相手に失礼でない

ような文章を書くこと」などが大切になってきます。また，アメリカ人から来たメッセージの中には，スペルが間違っていたり文法的に少しおかしかったりすることもよくありますが，そのような「間違い」を気にせず（という言い方はおかしいかもしれませんが）相手が言いたいことを読みとる，ということが重要になります。

　上の結果は，ネットワークの経験を通じて，より「コミュニカティブな」英語能力，つまり相手とコミュニケーションをはかるために必要な能力がのびてきた，と言うことができるのではないでしょうか。

1-3　すらすら書けるようになるか

　もうひとつ，同じ研究の中で行ったテストについて見てみましょう。これは，自分の好きなテーマについて，15分間で自由に英作文を書くというテストです。学生に与えた課題は，「1分間の準備時間の後，15分間，英語による自由課題作文をせよ」というものです。ネットワークを9カ月経験した学生たちと，ネット

	ネットワーク経験9カ月	ネットワーク経験なし：第1グループ	ネットワーク経験なし：第2グループ
人数	10	11	9
0 — 5分	45.5	41.7	39.2
5 — 10分	37.3	44.9	41.4
10 — 15分	41.8	46.5	43.3

表5　自由作文の語数

ワーク経験が全くない同学力の学生たちとを比較してみました。

　書き始めてから5分後まで，5分後から10分後まで，10分後から15分後まで，という3つの時間帯にわけて，どれくらいの語数を書いたかを数えてみると，表5のようになりました。

　この表を見てみると，ネットワーク経験者は，最初の5分に，ネットワーク経験がない学生よりもたくさん書いています。しかし，そのスピードはその後にぶってきて，ネットワーク経験がない学生たちはどんどん書き進むのに，ネットワーク経験者は少し筆がにぶってきます。

　ネットワークを利用して自分が興味をもったテーマについて学習をすすめてきた学生たちは，自分が好きなことについて英語で表現することに対して抵抗が弱くなるという効果があったのではないかと考えられます。そのことは，最初の5分に書いた量が多いというところにあらわれています。しかし，ではどうしてその後の10分では，他の2グループの学生よりも少ししか書けなかったのでしょうか。

　ここで，この学生たちのうちどれくらいの人が，一貫したテーマをもった文章を書いていたかを見てみましょう。すると，ネットワーク経験者は，10人中5人と，半数の学生が一貫したテーマをもった文章を書いています。それに対して，ネットワーク経験がない学生は，2グループあわせて20人中2人，つまり1割の学生しか一貫したテーマをもった文章を書いていません。後者の作文には，"by the way"などのつなぎのことばを使って，とにかく思いつくことを書き連ねるという文章が多く見られました。彼らにとって，課題はとにかく白紙をどんどん埋めていくことだったのです。それに対して，ネットワーク経験者の多くにとっては，文章を書くということは，何らかの内容を書くということだったのです。

このように見てみると，ネットワークで自分の伝えたいこと，自分の知りたいこと，などをコミュニケーションするために英語を読んだり書いたりするという経験を経て，学習者の英語の質が変わったということがうかがえるのではないでしょうか。ネットワークでのコミュニケーションを経験することによって，英語というものが意味あることを伝える道具となり，その道具を使う技能としての英語力となっていったのではないか，ということが言えると思います。

　新しい学習指導要領の「総合的な学習の時間」などを使って小学校に英語教育が導入されようとしている動きもあります。その中では，「英語に親しませる」ことが主な目標になっています。中学校や高等学校でも，ネイティブスピーカーの補助教員（ALT）が，生の英語に触れさせるために教室に入ってきています。そのような形で実際に「英語を使う」ということは，意味のないことではありません。しかし，その多くは，英語で歌を歌ったり，ゲームをしたり，といった「遊び」を通して英語に親しむだけで，「伝えたいことを伝える」「知りたいことを探求する」「関係を深めたい人と関わり合う」といった，コミュニケーションの基本的な動機がほとんど見られません。インターネットを使って本当の「コミュニケーション」をすることは，そういった試みとは全く意味が違うのではないでしょうか。実際にどのような力がついたのかを細かく見てみると，そのようなことも言えるのではないかと思います。

【注】
[1] 本節で紹介した研究データは三宅なほみ，杉本卓（1990）国際学習ネットワークを利用した言語・国際理解教育『青山学院女子短期大学紀要』第44輯65―77によっています。この実践・研究については

三宅なほみ (1997)『インターネットの子どもたち』岩波書店にも紹介されています。

2 英語力とは何か

これまでいくつもの外国語教授法が提唱されてきました。また，外国語学習法についても数多くの人がみずからの経験をもとに紹介をしています。それらはおおむね，どちらの教授法，学習法がすぐれているか，効果的かという効率の比較でした。

インターネットを使った外国語教育は教授法ではありません。その意味で外国語教授法と比較して，どちらが効果があるかと問うのは適当ではありません。むしろ，インターネットを語学教育に利用する意義を考えるべきです。本節ではインターネットを利用した語学教育の実践に即して，英語力とは何かを考えてみたいと思います。

2-1 電子メールを使った授業の学習効果

「メール交流を導入すると語学教育の効果は高まるのか」。だれもが知りたいことではあるものの，その答えを出すのはなかなかむずかしいことです。1990年代，メール交流が語学教育に導入され始めた頃，研究集会ではその実践例が数多く報告されました。そこでは「生徒が熱心に取り組んだ」「学習への動機づけが高まった」ということが熱っぽく語られました。そのことについては私自身も同感です。しかし，動機づけの高まりがメール交流という学習活動によったものであるかというと少しばかり慎重にならざるを得ません。動機づけの高まりは，その当時，まだめずらしかったコンピュータ，インターネットに触れたということによ

るのかもしれません。コンピュータやインターネットが日常の生活で身の回りに自然に存在するようになったとき、生徒たちはメール交流を通した語学学習に対して同じように高い動機づけをもつでしょうか。

メール交流を導入した語学学習の効果については、これまでさまざまな研究が行われています。第3章1-1で杉本さんが紹介されている研究もそのひとつです。ここでは Meskill & Ranglova (2000)が行った研究をご紹介しましょう。ブルガリアのソフィア大学では1990年代、外国語としての英語教育プログラムが大幅に改訂されました。その眼目はコンピュータやネットワークを導入し、新しい考えによる語学教育を進めるというものです。

文法の学習ではそれまで教科書と講義で行っていたものを、学習者みずからが問題を発見し、解決していく形に改めました。コーパスとよばれる大量の英語テキストを用意し、知りたい用例を検索し、自分でルールを発見していくというのがその考えです。学生は授業で読んでいた短編小説のなかで"I was seeing things in a different perspective."という文に出会います。動詞 see は知覚動詞とよばれ、ふつう進行形で使われることはありません。コーパスを検索してみると同じような例が他にいくつもみつかります。学生はその例を読み比べて「知覚動詞でも、以前の理解とは別の形で一時的に新しい知覚でものごとをみつめる場合には進行形が使われる」ということを発見します。

リスニングとスピーキングでは、理解度テストと講義により行われていた授業をディスカッション形式で課題に取り組むスタイルに改めました。ライティングでは、与えられた話題について模範作品をモデルに作文する形から、学生がたがいに作品を読みあい、推敲する方法に改めました。リーディングでは、文学作品を読んで理解をチェックしていく形から、題材を現代的な内容の作

品に変え、自分で解釈を組み立て発表しあう、より主体的な学び方に改めました。

このすべての分野で使われたのがメールです。ブルガリアの大学生たちは英語教育専攻のアメリカ人大学院生とのメール交流プロジェクトに参加しました。そこで、学習の過程で生まれる、ことばや文化に関する疑問を共同で文章にまとめ、アメリカ人大学院生とメールで交流しました。

ソフィア大学では英語専攻の新入生に対して英語能力テストを行い、新入生を無作為に2つのグループに分け、異った方法で授業を行いました。一方は伝統的な方法で、もう一方は新しいカリキュラムで授業を行いました。どちらのグループも週あたり8時間の授業を受け、1年後、もう一度英語能力テストを受けました。

この1回目から2回目にかけての英語能力テストの成績の伸びは次のとおりでした[1]。

伝統的な授業、新しい授業のどちらも成績は向上しています。

	伝統的な授業	新しい授業	差
ディクテーション	8.8571	8.7857	.0714
リスニング	14.9286	14.9286	.0000
リーディング・語彙	19.2857	22.5000	3.2143*
文法	14.7857	16.4286	1.6429*
ライティング	13.9286	17.7143	3.7857*

$p < .05$

表6　メールを使ったグループと使わないグループの成績の伸び

しかし，ディクテーションとリスニングでは差は見られないものの，リーディング・語彙，文法，ライティングでは新しいプログラムの方に顕著な成績の伸びがみられます。差の項目の数字に＊がついているのは，この差は偶然によるものではなく，なんらかの別の理由によるというものであることが統計的に相当な確度をもって言えることを示しています。つまり，この差は新しいプログラムによるものであると考えられるわけです。

しかし，メールを使った語学の授業が，使わない授業よりも学習効果が高いとは言い切れません。ソフィア大学の例ではメールを取り入れた学習法は伝統的な学習法よりも効果が高いらしいことを示しています。しかし，この差はメールを使ったことによるものだけとは断定できません。講義形式からディスカッション形式に改めた授業方法，問題解決・発見学習，テキストに使う作品の見直しなど，さまざまな要因も考えられます。上の結果からは，何が得点の差をもたらしたのか，特定することはむずかしいのです。

では，授業内容を同じにしてメールを取り入れたクラスと取り入れないクラスを作り，一定期間授業を続けた後，成績の伸びをはかってみてはどうでしょうか。これなら，メールの効果が測定できそうです。しかし，生徒は一般に外国語の授業をこの他にも履修しているのがふつうです。また，ラジオの語学番組などで自分で学んでいる人もいます。外国語以外の他の教科で学ぶことを通して，知識，理解力を高めてもいます。メールを使うクラスとそうでないクラスを比べても，その差が生まれた要因を特定するのはむずかしいことなのです。このようなわけで，メールを導入した語学の授業が効果があるかどうかということは，さらに研究を続けていかなければ明確な答えを出すことはできません。

2-2 外国語能力を形成する要因

　そもそも外国語能力を形成する要因，平たく言えば，どのような学び方をすれば外国語ができるようになるかということは実はまだよくわかっていないのです。外国語を学ぶ秘訣は表現を覚えていくことという人もいれば，外国で生活するのが一番という人もいます。「いや，やはり文法だ」という人もいます。それぞれ自分の経験に基づく外国語学習法ではあるものの，それが一般の人にも当てはまるかどうかは疑問です。人それぞれに学習環境が異なり，動機や目的も異なります。今，いろいろ言われている外国語学習法は部分的には真実ではあるものの，外国語能力形成要因を正面からとらえたものとは言えません。

　外国語能力の形成に関する数多くの研究のうち，静かに胸に落ちるような印象のあるのが英語教育学者リバーズ（Rivers）の洞察です。外国語の力をつけるには「記号操作」と「自己表現」の2つのトレーニングを同時に進めなければならないというのがリバーズの考えです[2]。

　記号操作というのは教室でよく行うようなドリルです。Do you like cats?にyesで答えてみましょう，Are you busy?にnoで答えてみましょうといった練習はだれもが経験したことがあるはずです。この他，テープについて発音したり，I don't like cats.という文でIをSheに変えて文を作り直したりするような練習もこの例です。この練習の特徴は限られた単語，文法，表現の範囲で，語句や構造を入れ替える点です。言い換えれば「閉じられたしくみのなかで記号を操作すること」です。

　これに対し，自己表現というのは，ある場面のなかで語彙や表現，意味内容を自分で選択しながら言語行動を行うことです。たとえば，アメリカの郵便局で34セントの切手を5枚買う場合を考

えてみましょう。窓口でどのように言うか，いろいろな表現が考えられます。

Five thirty-four-cent stamps, please.
Can I have five thirty-four-cent stamps?
I would like to have five thirty-four-cent stamps.
Do you have five thirty-four-cent stamps?

34セント切手5枚という意志が伝わればいいのですが，窓口の会話とはいえ，すこしばかりていねいさを出すことは必要です。最初の例のように please をつけたり，2番目以降の例のように疑問文の形にしたり，I would like to といった表現でていねいさを表します。でも，アメリカでは34セントの切手は日本の80円切手のように一番ポピュラーな切手ですから，最後の例のように「34セント切手，ありますか」と郵便局の窓口で聞くのは間抜けな感じがします。リバーズの言う自己表現とは，このような具体的な場面のなかで，話者が表現や形式を自分の意志で選択しながら言語活動を進めることです。そこではドリルのようにあらかじめ用意された語彙や表現形式はありません。また，返事もどのようなものが返ってくるかわかりません。記号操作が「場面を捨象し，閉じられたしくみのなかで言語形式を操作する活動」であるのに対し，自己表現は「具体的な場面において開かれたしくみのなかで，意志に基づいた言語活動をすること」です。

外国語を学ぶにはこの2つの活動を同時に進めていくことが必要で，どちらが欠けても外国語の力をつけることはできないというのがリバーズの主張です。

2-3　電子メールを使うとどうなるか

さて，メールを使うと外国語の授業にどのような変化が生まれ

るのか，リバーズの言うことをふまえて考えてみましょう。私が英語の授業にメールを取り入れてみようと思ったのは，当時，長岡技術科学大学で教えておられた古谷千里先生の発表をある研究集会で聞いたのがきっかけです。古谷先生はメールをライティングの授業に導入されたパイオニアのひとりです。

ライティングの授業は一般に次のような流れで行われることが多いものです。(1)「思い出の映画」といった題材で課題を出す，(2)生徒はその題材で作文をして提出，(3)教師は添削して返却し，講評する。

しかし，古谷先生はメールを使って，ひたすら学生とメッセージを交換するということを実践されました。古谷先生の発表の後の質疑応答ではいくつもの質問が出ました。質問は「学生の英語の誤りはどのように直すのですか」という一点に集中しました。古谷先生の答えは次のようでした。「学生は確かに山のようにまちがいをします。しかし，だからといって学生が言おうとしていることがわからなかったことは一度もありません。だから，ひたすら返事を書き続けるのです」

添削をしない，まちがいを直さないライティングの授業というものがあるのだろうか。そのことを知るため，私も翌年からメールをライティングに使ってみました。すると，古谷先生のおっしゃるとおり，メールを使ったとたん，教師も学生もメッセージの内容に関心が移るのです。メールを使った外国語授業の実践はこれまでいくつも報告されています。ふしぎなことに，そのどれもが内容を中心にした実践で，添削を課題の中心にしたものはまずありません。

中学校，高校の英語の先生の集まりで何度か次のような実験をしてみました。次は Dave's ESL Cafe という英語学習者が集まるサイトにペルーの高校生 Mariela（仮名）から実際に投稿され

たメッセージです。

Subject : I WANT MEET
Date : Posted by Mariela on Sunday 2, July 2000, at 2:56 p.m.

I'm 17 years old, I'm from Peru
I want meet other guys, and talk with other people, maybe you could be my pen-friend. I like MTV, and trance music, I watch programs like that, and I like travel. I'm very funny, and friendly, I hate be quiet, I like have many friends.
send me a message now!!!

Mariela の英語にはまちがいがいくつもあります。不定詞の to が落ちているのが目をひきます。

さて，英語の先生を3つのグループに分け，一方には次のような指示をして作文してもらいました。「日本の高校生のつもりになって Mariela のメールに返事を書いてください」。このように指示すると，まず例外なく次のようなメッセージが書かれます。

I read your message. I don't know much about Peru. And I cannot speak Spanish. But if we can share something we gonna be pen-friends. I'd be very happy.

英語の誤りに触れる人はいません。だれもが Mariela と自分の共通点を探し出しながら，話題をつなげていこうとします。

2番目のグループには次のような指示を出してみました。「あなたの教えている生徒のひとり、さくらさんが『英語で作文しました。先生、読んでください』と言って持ってきました。さくらさんにどのような返事を書きますか。英語または日本語で返事を書いてあげてください」。もとの英文にある I'm from Peru という部分は I'm from Japan と直しておきます。すると、これはほぼ次のような返事になります。

自分の気持ちが入っていて良い英文です。十分さくらさんのメッセージは伝わりますが、want to meet, hate being, like to have とした方がいいでしょう。

返事は英語の誤りの訂正か、「よく書けました」「がんばって書けました」といった英語で文章を書いたことに対する評価です。メッセージの内容について書く人はまずいません。

　これは英語の教師として書いたからでしょうか。そのことを確かめるのに、3番目のグループには次のような指示をして返事を書いてもらいました。「私は英語の教師で Mariela とは年齢も違いますが、メールに返事を書いてみようと思います。あなたなら、どのように返事を書きますか」。その返事は高校生になったつもりで書いた1番目のグループと変わらず、Mariela と自分の共通点を探りながら、話題をつなげていこうとするものでした。

　つまり、返事が内容にかかわるものになるのか、形にかかわるものになるかは、返事をする人が英語教師であるかどうかには関係ないのです。それはメールに対する返事として書くのか、学校や教室という場面で教師、生徒という関係で書くのかという違いによるのです。

メールは不思議なメディアです。メールとして書いたとたん，具体的な人間関係という場面のなかでメッセージが交換されるのです。小学校のとき，授業中，先生の目を盗んでノートを破いてメッセージを書き，隣の席の人に渡したことはありませんか。「次の休み時間，ドッジボールをするから，場所をとれ」。すると，隣の人からメモが返ってきます。「わかった。おまえはボールをおさえろ」。このようなメッセージのやりとりで，「やすみの漢字は体みでなく，休み」といった返事を書くことはありません。あったとすれば，それはウケをねらった冗談です。

　学校や教室はコミュニケーションの場としては特別な環境です。そこで行われる教室と生徒の会話はたいてい，次のようにIREという形をとります。

*I*nitiate（教師が働きかける）　　「重力とは何ですか」
*R*espond（生徒が応答する）　　　「地球が私たちを引っ張る力です」
*E*valulate（教師が評価する）　　　「そのとおり」

英語の授業も同じで，

　教師：　I hate be quiet. でいいかな？
　生徒：　I hate to えっと quite.
　教師：　惜しい。I hate to be quite. だね。

のようにIREという形で進められることが多いものです。

　リバーズのことばで言えば，学校という場面での英語教室は記号操作の場なのです。そこにメールが導入されると，教室という場面からは一転して，自己表現の場になります。メールを外国語

の授業に導入するというのは、教室という場面では成立させるのがむずかしい自己表現の場を作り出すという点にその意義があります。

> ### コラム3・
> ### すがやみつるさんと英語
>
> 「ゲームセンターあらし」「仮面ライダー」などで知られる漫画家、すがやみつるさんにはモータースポーツ・ジャーナリストというもうひとつの顔があります。ネットワークを主な舞台に日本のレース情報を英語で発信しておられます。しかし、すがやさんの英語の学習は実質、中学校までのものだったそうです。
>
> すがやさんはまんが家としてデビュー後、てがけたレース漫画がきっかけとなり、オートレースにのめりこみます。しかし、当時、日本ではオートレースはマイナーなスポーツでした。外国のレースの結果を一刻も早く知りたいという思いから、当時、始まったばかりの国際パソコン通信を始めます。
>
> 英語だけの世界に苦労しながら、チャットで出会った人々から教えられ、当時最大のパソコン通信網CompuServeのオートレース・フォーラムに参加します。そこで日本のレースの結果表をポツポツと送っているうち、日本のレースレポートをくわしく流してほしいとの声が出るようになります。すがやさんは本格的に英語でレポートを送ることを始めます。
>
> 専門のジャーナリストの送る記事をまねては書き、読者からのコメントを読むことで、すがやさんの英語はきたえられていきます。すがやさんのレポートを待つ人の数も増えます。英語で発信するモータースポーツ・ジャーナリストの誕生です。すがやさんの英語の力はモータースポーツへの熱い思い、ネットワークを通してそこに集まる人々との交流から生まれたものです。
>
> すがやみつる『パソコン通信で英語がわかった』(青峰社、1995年)

【注】

[1] Meskill, C. & Ranglova, K. (2000). Sociocollaborative language learning in Bulgaria. In M. Warschauer & R. Kern (Eds.), *Network-based language teaching : Concepts and practice* (pp. 20-40). Cambridge : Cambridge University Press.

[2] Rivers, W. M. (1976). Rules, patterns, and creativity. In W. M. Rivers, *Speaking in many tongues : Essays in foreign-language teaching*, 2nd ed. (pp. 9-20). Rowley, MA : Newbury House.

4 チャットとMOO

1 外国語教育での利用

　インターネットで一番広く使われているメディアはメールとWebです。しかし，チャットやMOOなどのリアルタイム型コミュニケーションにも根強い支持があります。インターネットを使った語学教育においても，チャットとMOOの利用はまだ少数ではあるものの，熱心な人々がねばり強く実践を続けています。

　チャットは私たちのコミュニケーション行動を考えるうえで大きな示唆を与えてくれるメディアです。とりわけ，schMOOze UniversityとよばれるMOOについては，ここで行われた実践をもとに論文がいくつも書かれており，外国語教育を新しい角度から考える視点を与えてくれています。本節では，チャットとMOOでの実践から得られた示唆を中心に外国語教育のあり方を考えてみます。

1-1 リアルタイム型コミュニケーション

　ネットワークでのコミュニケーションはリアルタイム型と非リアルタイム型に分けることができます。リアルタイム型というのはシステムに入力があったら即座に処理を行い，応答するしくみ

のことです。一般にコンピュータは瞬時に処理を行うと思われていますが，実際は処理にはわずかながら時間がかかります。しかし，一般に人間の知覚する時間に一致した感覚で処理が行われればリアルタイムと呼んでいます。銀行の自動預け払い機では暗証番号と金額を入れると，即座にお金の預け入れ，払い戻しをすることができます。これはリアルタイムなオンライン処理の例です。

　アメリカでは電気や電話の料金は小切手を郵便で送って支払うのが一般的です。このしくみでは小切手を入れた郵便を投函してから相手に到着し，処理がされるまで数日かかります。入力とその処理の間に時間のずれがあります。このような処理は非リアルタイム型と呼ぶことができます。

　コミュニケーションという観点から見ると，メールや郵便は非リアルタイム型，電話はリアルタイム型の代表です。メールは送信して数秒の後には送り先に届きます。その意味ではリアルタイムなのですが，相手がメールを開かない限り，相手にはメッセージは届きません。この意味では非リアルタイム型です。これに対し，電話ではその場でコミュニケーションが成立します。

　リアルタイム型，非リアルタイム型コミュニケーションには長所，短所があります。メールのような非リアルタイム型メディアは相手がその場にいなくてもメッセージを送ることができます。相手は自分の都合にあわせてメールを読むことができます。電話ではその場でコミュニケーションが成立するものの，相手がそこにいなければなりません。

　メールをはじめて使った人が便利だと思うことのひとつは，相手がその場にいなくてもメッセージを送ることができ，自分の都合にあわせてメールを読むことができる点です。それでいて郵便よりもずっと送受信にかかる時間は短縮されています。コミュニケーションを行う場合，相手がその場にいなくてもいいというの

はメールの大きな利点です。

　ところが，不思議なことにネットワークを経験した人がよく「ハマ」るのはリアルタイム型コミュニケーションの方です。パソコン通信の時代，12月31日の深夜に年越しチャットが行われていました。深夜零時，「おめでとう」と言うだけのためにチャットを行うのです。零時近くになると回線がいっぱいになって入ることができないので，だれもが数時間前から電話回線をつなぎっぱなしにし，深夜零時の時報が鳴ると同時に「あけましておめでとう」というメッセージを流します。数百人がいっせいに流すので，画面はずらずらとスクロールしてメッセージを読むことなどとてもできません。それでもチャットに参加したという深い満足感にひたりました。チャットはメールに比べて，より相手への心理的な近さを感じさせるものがあるようです。

1-2　画面で会話をする

　UNIX には write と talk という機能が用意されています。UNIX を利用できる環境であれば，簡単にリアルタイム型コミュニケーションを利用することができます。私はチャットを使う授業の前に write と talk で参加者にリアルタイム・コミュニケーションを経験してもらっています。チャットは多数の人が参加して行う，write と talk は 1 対 1 で行うという違いはありますが，キーボードと画面を使って「会話」をするというしくみは同じです。

　UNIX の write はネットワークに接続している人が臨時にメッセージをリアルタイムでやりとりする必要から作られたしくみです。たがいにネットワークに接続している状態で，UNIX のコマンド write に続けて相手のログイン名を打ち込み，メッ

セージを入力してEnterキーを押すと，相手の画面にメッセージが表示されます。以後はメッセージを打ち込んでEnterキーを押していくと，画面上でコミュニケーションできます。

ただし，writeは臨時にリアルタイムのコミュニケーションを行うことを目的に作られたしくみで，使いやすいとは言えません。自分がメッセージを書いている途中に相手からのメッセージが入ってきて，読みにくくなります。そこで，talkの出番になります。UNIXのコマンドtalkに続けて相手のログイン名を打ち込むと，相手に要求が伝えられ，相手からもtalkに応じる応答があると，画面は次のように上下2つに分かれます。

［接続が確立しました。］
Hi, how are you?
Fine. What's up?
Did you hear from Yoshi?
He must be busy.
What happened?

OK, and you?
Everything is OK.
Not yet.
I'm sleepy.
I had to stay up late last night.

自分が書き込むメッセージは画面の上に，相手からのメッセージは下半分に表示されます。

授業でwriteやtalk，またチャットを使ってみようと思ったのは私自身がチャットに新鮮な驚きを感じていたからです。また，もうひとつ大きな理由は，キーボードからメッセージを打ち込み，画面で読むことで「会話」ができるということです。外国人との実際の会話ではまず聞き取れなければなりません。発音もある程度，正確でなければなりません。しかし，チャットではメッセージを画面で読みますから，全部「聞き取る」ことができます。発言もキーボードから行いますので，発音の上手下手を気にする必要はありません。また，知らない単語が出てきても，かたわらの辞書で意味を調べることができます。チャットは音声に自信がない人にとって会話の練習に好適だと思いました。

　しかし，実際に行ってみると予想外のことが起きました。会話が続かないのです。たがいに接続していることを確認して，「では，始めてみましょう。まず，何かあいさつを送ってみましょう」と促すと，学生は"Hello!"といったことばを入力します。しかし，そこで会話は止まってしまいます。みんな画面を見つめているだけです。実際の会話で言えば，ふたりとも顔を見合わせてはいるのですが，だまっているのと同じ状況です。操作の方法がわからないわけではありません。メッセージを打ち込めばいいだけです。

　「何かメッセージを送ってみましょう」とさらに促すと"I like pop music."といったメッセージをどちらからかが送信します。しかし，そこでまたふたりとも画面を見つめたままになり，会話は進みません。メッセージを送ろうとしている人でも，文を考えながらゆっくり打ち込んでいます。メッセージを送った人はいつまで待っても返事がないのでいらいらしています。このようなときには，"Do you?"でも"Oh, yeah?"でも何か返事をすることが大切です。でないと，相手は聞いてくれていないのかと不安になり

ます。これは実際の会話でも同じです。「聞いているよ」というシグナルをすばやく送ってあげなければ会話は進みません。

> ### コラム4・
> ### 理科教育の実践から
>
> アメリカでは理科教育にインターネットを導入する試みが早くから始まっていました。酸性雨は環境とどのような関係があるのかを考えるには、各地でデータを収集し、比較することが必要です。科学者が共同して研究するように、各地で子どもたちが観測し、データを交換し、議論するにはインターネットが力を発揮すると期待されたのです。
>
> たがいに離れた生徒たちが疑問を出し合い、解決案を提示し、さらにそれについて疑問を出しあいます。科学者が議論しあうように討議を重ねることで学びあう、新しい理科教育の可能性が開けました。
>
> ところで、当初の予想と大きく異なったことがひとつありました。それはネットワーク上で起こるコミュニケーションの性質です。遠く離れた生徒たちは中身のある議論をネットワークを介して行うことが期待されていたのですが、事実は異なりました。公開掲示板のようなしくみで交わされるメッセージのほとんどは日常的な話題についてのおしゃべりだったのです。
>
> しかし、これは掲示板というしくみが機能しなかったということではありません。たわいもないおしゃべりを交わすことで、共同作業をしているパートナーとの信頼、共感を築き上げる力となっていたのです。実質的なやりとりは公開の掲示板でなく、1対1のメールで行われたようです。
>
> メディアの種類によって、そこで起こるコミュニケーションの性質が決まるというのは興味深い観察です。語学教育でネットワークを利用する場合もおそらくあてはまることでしょう。

これは外国語会話を学ぶ場合の大きな教訓になります。外国語で話したり，聞いたりすることを学ぶには発音を訓練したり，テープを聞いたり，表現を覚えたりすることをします。外国語で会話ができないのは発音が下手だから，聞き取りができないからと私たちは思っています。しかし，write や talk ではキーボードと画面を使って会話をするわけですから，発音や聞き取りの心配はありません。それでも会話が進まなかったのはなぜでしょうか。相手に思いを伝えたいという切ない気持ち，話題についての関心，相手との間でコミュニケーションを紡いでいこうとする気持ち——このようなことをこれまでの外国語教育は視野に入れてこなかったのではないでしょうか。

1-3 チャットを使うとどうなるか

インターネットで広く利用されているリアルタイム型コミュニケーションはチャットです。先に紹介した write や talk と違って，多人数で会話ができます。専用のソフトウェアもありますし，最近は Web 上で行うことも多くなったので，専用ソフトなしでも簡単に参加できます。

ふたりがペアを組んだ write や talk でなかなか会話が進まなかったということを先に紹介しました。そこでは「会話」が始まっても，ふたりとも何も書かないで画面を見ているという例が何組もみられます。画面を見続けている人にその訳をたずねると，「相手からメッセージが入ってくるのを待っている」ということでした。ペアを作っているふたりが同じように待っているのですから，どちらにもメッセージは届きません。クラス全体でチャットを行っても同じようなことが起こります。チャットが始まってもたいていの人は画面を見続けているだけです。

何人もの人が集まって行うチャットでの参加者の行動を調べた研究があります。この報告によると，チャットへの参加度には人により大きな違いがありました。チャットで最初に発言した人は終始，会話をリードしていきました。しかし，自分から発言をせず，相手の発言を待っているだけの人は結局，会話への参加ができませんでした。

　外国語での会話というのは，発音ができて，聞き取りができて，口語表現を知っていればできるものではありません。一歩踏み出して一言，相手に話しかける勇気，たがいに話題の意味を紡ぎ出そうとする気持ち，なによりも相手に何を伝えたいのか，その意志がなければ話すことはできません。しかし，伝統的な会話の授業の中身はネイティブの先生が教えていても，リバーズの言う「記号操作」ではなかったでしょうか。

1-4 schMOOze University

　ネットワークで行われるリアルタイム型コミュニケーションにMOOというしくみがあります[1]。チャットはいわば場面のないところで会話をするしくみです。MOOは基本的にチャットなのですが，それを具体的な場面で行おうというしくみです。MOOはインターネット上に構築された仮想空間です。参加者はそこでチャットにより会話をかわすだけでなく，空間の中を移動したり，扉を開けたり，物を手に取ったりするといった動作を仮想的に行うことができます。場面としては町や学校などがよく設定されます。

　英語教育でよく知られているのはschMOOze Universityです。創始者はニューヨーク市立大学のジュリー・ファルセッティ (Julie Falsetti) さんです。インターネット上にはいくつも

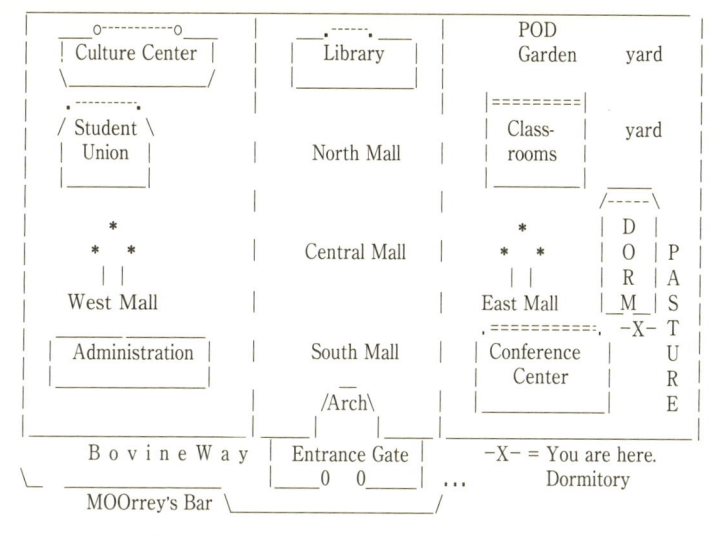

```
 _____   _____   _____
|  o----------o  | |  .------.   | |      POD                |
| | Culture Center| | |Library |  | |   Garden       yard    |
| | _____/ | | |_____|  | |                         |
| |   .-------.  | |             | |  |=========|            |
| |  / Student \ | |             | |  | Class-  |   yard     |
| |  | Union   | | |  North Mall | |  | rooms   |            |
| |  |_____|_| |             | |  |_____|            |
|                | |             | |                /-----\  |
|        *       | |             | |        *      |  D  |  |
|      *   *     | | Central Mall| |      *   *    |  O  | P|
|      | |       | |             | |      | |      |  R  | A|
|    West Mall   | |             | |   East Mall   |__M__| S|
|  _____| |             | |  ,==========. -X-    T |
| | Administration|| | South Mall | |  |Conference|        U|
| |_____|| |     _      | |  | Center   |        R|
|                | |    /Arch\   | |  |_____|        E|
|_____| |___|     |___| |_____|
|    B o v i n e  W a y  | Entrance Gate |   -X- = You are here.
\_  _____| ___0   0___   |...       Dormitory
   MOOrrey's Bar        _____/
```

図1 schMOOze University の仮想キャンパス

MOOがあります。これらはたいてい英語で行われています。しかし，外国人の英語学習者が参加すると英語を母語とする人と比べて不利です。英語学習者が安心して参加でき，そこで英語を学ぶことができるMOOを作ろうと考えてできたのがschMOOze Universityです。名前のschmoozeは「おしゃべりをする」という意味のスラングでMOOにかけてschMOOzeとつづっています。「おしゃべり大学」ほどの意味です[2]。

schMOOze Universityはだれでも参加できます。接続すると図1のような仮想空間に入ります。まず，到着するのは南側正面のEntrance Gateです。コマンドを入れてここからキャンパス内を移動します。北にある図書館ではハイク（俳句）を読むことができます。その西にあるCulture Centerでは各国の文化が展示してあります。韓国館に入って，レストランに入り，メニューからpibimpapを選んでみます。すると，次のような解説が現れ

ます。

> Pibimpap is a dish made of cooked rice mixed with bits of meat, seasoned vegetables and egg. It is often eaten with koch'ujang (a red pepper sauce). （以下略）

気に入ったらビビンバを食べることもできます。このようにすべてことばで周りの様子を理解し，動作を表します。すべてことばで行動するので外国語教育のメディアとしてMOOは注目を集めています。

　正規に「入学」すると寮に部屋をもらうことができます。この部屋も仮想空間ですから，自分で描写して示さなければなりません。私の部屋は次のように日本の茶室に設定しています。

> Koji's Tea Room
> A Japanese eight-mat tatami room with a comfortable atmosphere. A flower arrangment is set in the alcove and behind it on the wall is a scroll of calligraphy. Beyond the paper screen is a Japanese garden where you see a small pond surrounded by cherry trees in full blossoms. Quietness fills the entire space.

　あるとき，ひとりの学生が「入学」して寮の部屋をもらいました。まず，しなければならないのは上のように部屋を描写することです。この学生は部屋にSex Roomと名前をつけました。学長のファルセッティさんは驚いて，「これはまじめなプロジェク

トなのだから，不謹慎な名前はやめなさい」と学生にメールを送りました。しかし，学生は納得せず，あくまでも Sex Room という名前にすると主張しました。そこで，ファルセッティさんと学生の間で何度もメールがやりとりされ，説得が続けられました。その結果，学生は Sex Room という名前はやめて Love Room にするということで双方納得して解決しました。

　schMOOze University はネットワーク上に設定された仮想空間，いわゆるバーチャル・リアリティです。しかし，そこで行われたファルセッティさんと学生との間のやりとりは本物でした。教室という現実の場面で行われる教師と生徒とのやりとりが記号操作になりがちなのに対して，仮想空間におけるコミュニケーションが本物であったというのは皮肉なことではないでしょうか。

【注】
[1] MOO とは MUD Object-Oriened（オブジェクト指向の MUD）の略。MUD は複数の人が参加してネットワーク上で行われるロールプレイングゲームのことで，Multi-User Dungeon の略。Dungeon とは「地下牢」のこと。この名は Dungeons and Dragons（地下牢とドラゴン）というロールプレイングゲームに由来します。中世風の架空の世界を舞台に，プレーヤーが戦士などの登場人物になり，ゲームに参加します。後にこのゲームはネットワーク上で行うことができるようプログラムされ，何人もの人が同時に参加できるようになったことから，multi-user（他人数の）という名がつきました。
[2] http://schmooze.hunter.cuny.edu:8888/

2　会話・疑似会話・シミュレーション

　インターネット上では，トークやチャットによる1対1や多人

数でのスクリーン上での「会話」や，MOOやMUDによる仮想世界での「会話」を行うことができます。こうした会話は，「現実世界」での面と向かった場面での会話と比較すると，第2章で見たような文字コミュニケーションという性質から来る特徴をやはり持っていて，それが制約として働く面と，その性質をよく理解した上で利用すれば利点として働く面があるでしょう。電話と比べても，声の「表情」が利用できないという点での違いが出てきます。しかし，手紙や電子メールと比較すると，面と向かった状況での会話にはるかに近い面もあります。何よりも，電子メールや手紙では対話者が時間を共有していないのに対して，リアルタイムの会話であることが大きく異なるところです。この節では，この「リアルタイムの会話であること」がネット上での擬似会話において意味することを考えていきたいと思います。

2-1 リアルタイム→相互作用性

日常的に面と向かって何気なく会話している時にも，非常に複雑な相互作用が行われています。会話では，一方が言いたいことを話し，相手がそれを理解して返答などを述べ，それに対してもう一方がそれを理解してさらに何かを述べる，という形で，「発言者」「受信者」が交互に役割交代を順次行いながら，会話がすすんでいる，と思われがちです。しかし，そのように両者がそれぞれ分離された役割を交代で演じている，というように「きれいに」役割交代が行われていることは，むしろまれでしょう。会話の最も重要な特徴は，会話に参加している人たちが，「会話」という社会的イベントを共同して作り上げているということにあると言えます。

そう考えると，チャットなどの会話と電子メールとの違いは，

非常に大きな,本質的なものであることがわかるでしょう。電子メールについて考察したときに,電子メールは対話者が時間を共有していないために自分のペースでじっくり考えて書くことができる,という学習者にとっての利点を述べました。この電子メールの特徴を利用して,電子メールを読み書きすることを通して,私自身も英語の表現の使い方を数多く学んできました。しかし,会話の中で相手とうまく協調しながら会話をスムーズに成り立たせていくためには,会話特有の方略・技能が必要となってくるのです。

　会話では,同じ時間を共有しているため,メールや手紙の読み書きとは違って,「その場ですぐ」言い方を考えて発言しなければなりません。つまり,「スピーディな」反応が求められるということです。外国語の読み書きはある程度できるけれども会話は苦手だという人は少なくありませんが,リスニング能力や発音の問題を除くと,「言うべき表現がすぐに思いつかない」という悩みを抱えている人は多いでしょう。会話をするためには,「スピード」もしくは「反応速度」が問題なのだ,という考え方です。もちろんこれも決して小さな問題ではありません。しかし,もっと本質的な問題があるのです。

　例えば,文章で書く時と比較して,会話での「文」は,一般にはるかに短いものとなりますし,文法的構造も単純なものになります。これにはもちろん,「声はすぐに消えてしまうのに対して,文字はその場に残っていてくれる」という音声言語と書記言語の違い,それに伴う人間の認知的処理(記憶の利用のしかたなど)の違いなども大いに関係しています。しかしそれと同時に,会話では,一方が言いたいことをすべて組み立てて話してそれを相手に投げかけるという枠組みではなく,参加者が同時に相互作用をしながら作り上げていくプロセスなのだという会話特有の特徴を

もっているということが，大いに関係しているのです。

会話のそのような特徴を（無意識にであれ）理解し，会話に合った（会話に必要とされる）方略を身につけていくために，電子メールのような時間を共有していないコミュニケーションではなく，リアルタイムのコミュニケーションは，やはり威力を発揮すると言えるわけです。

2-2 会話の目的と内容

教室での従来の会話学習は，非常に大きな制約をもっています。ひとつには，教師に対して学習者の人数が圧倒的に多いということです。そうすると当然，「まともにしゃべれる人」を相手にして学習者が話す機会は非常に限定されてしまいます。学習者同士での外国語での会話ももちろん意味がないわけではありません。それどころか決して小さくない意義をもっているかもしれません。しかし，お互いに限られた外国語の知識・技能で話をするのでは，話せる内容も自ずと限られてしまいます。それでは会話の中身を楽しむことはできないでしょう。

「会話の中身」を考えたときに，従来の教室での会話学習のもうひとつの大きな限界が立ち表れてきます。それは，「会話の中身にあまり意味を見出していなかった」ということです。

会話というのは，何かを知りたかったり伝えたかったり，感情を共有したかったり，良好な関係を築いて維持したかったり，社会的な場・時間を共有したかったり，様々な機能を持っています。しかし，教室という場で，外国語の学習として会話が行われる時，そのような機能を持ちながら会話を営むことは，容易なことではありません。

日頃日本語での会話を通じて社会的関係や交流をしているので

すから,わざわざ外国語を使って特定の時間内に社会的相互作用を行うことに動機づけろというのも,無理な話でしょう。何か内容を伝え合うとしても,日本語を使ってやれば簡単にすむものを,なぜわざわざ外国語を使ってやらなければならないのか,現実的な理由を実感することはできないでしょう。

　しかし,インターネットを利用した「擬似会話」では,外国語を使うという切実な状況が自然に作られます。同じ外国語学習者同士の会話でも,普段教室で顔を突き合わせて日本語でお互いにおしゃべりしている相手と「外国語の練習」として外国語で会話するのと,他の国にいる同じ外国語を学習している人とインターネットを介してその外国語で会話をするのとでは,全く意味が違ってきます。簡単に言えば,外国語を使うことが,「練習のため」ではなく,まさに「コミュニケーションのため」になるのです。

　ただしもちろん,インターネットを利用した擬似会話さえやっていれば,外国語を使った「本物」のコミュニケーションになる,ということになるわけではないということも言えます。例えば様々な国の学習者が外国語で話すための擬似的な場をネットワーク上に作ったとしても,それぞれの参加者が単に「挨拶」的な,内容のないちょっとした会話しかしないような場になってしまえば,教室での会話練習と何ら変わるところがありません。どのような内容の話をする場なのか,どのようなタイプのコミュニケーションが起こるような場なのか,ということは,あらかじめ仕掛けをデザインしておくことが必要な部分もあるのではないでしょうか。

2-3 疑似会話と身体性

　インターネットを介した擬似的な会話に欠けているもののひとつに,「身体性」があります。チャットなどの文字による会話であれ, テレビ会議などによる映像を伴った会話であれ, 身体を伴った共感覚的な場が構築されているとは言えません。文字だけの会話に比較すれば, 身振りがわかったり声も伝わったりするテレビ会話の方がはるかに身体性が高いとは言えます。しかしそれでもなお, 対面での会話と比べたら, 身体性は著しく低くなっていると言わざるを得ません。

　ことばはもともと, 声・息と切っても切り離せないものです。しかし, インターネットを通して伝えられる言語は, チャットなどの文字言語では当然「声」とは切り離されていますし, テレビ会議などでも現実の「声」のかなり大きな部分が捨象されてしまっています。インターネット回線の容量が大幅に大きくなり, 現在よりもはるかに大量のデータを短時間で転送できるようになると, もちろんインターネットを介して送られる声の質も向上するでしょう。しかし, デジタル化されスピーカーから再生された「音」は, 決して声と等しくなるわけではありません。まして,「息」をインターネットの向こう側で感じることは, 現在はもちろんのこと, 将来もできるようになるでしょうか。「息」といっても, もちろん話し手が吐いた空気が相手に届く, ということだけではありません。相手の息が感じられるというのは, 身体全体で相手を感じ取ることでもあります。

　外国語の学習でできるようになるべきことを, 単語や文法の知識をもとに文を解析したり構築したりすること, それを通じて情報のやりとりをすること, という枠組みで考えている限り, 声や息などの身体性は, ほとんど眼中に入ってきません。しかし, そ

のような枠組みだけで外国語の学習をとらえてよいのかどうかということは，人がことばを学ぶということの本質，人がことばを使うということの本質を考えたとき，真剣に議論すべき問題だと思います。

5 Webの利用

1 ハイパーテキストとしてのワールド・ワイド・ウェブ（Web）

　パソコンやインターネットを利用して，外国語学習のための教材を提供しようとする試みは数多くあります。大量の教材を手軽にアクセス可能にすること，音声や映像などマルチメディアを活用して印刷教材では困難な豊かな情報を含んだ教材を提供できること，学習者の理解度をチェックしながらインタラクティブな環境を容易に構築できることなど，従来の教材の枠組みを超える可能性が具体化されてきています。この節では，インターネットを利用した新しい教材の可能性を考えるひとつのキーワードとして，ハイパーテキストについて考察していきます。

　Webのひとつの大きな特徴として，ハイパーテキストという形式になっていることがあります。ハイパーテキストでは，従来のテキスト（文章）のように1文字目から最後の文字まで1列（リニア，単線的）に文字が並んではいません。従来のテキストでは，あるページから別のページに行くのに，「次のページに進む」というのが標準的な方法でした（もちろん飛ばし読みも可能ですし，人によっては最後のページから逆に読むなどという人もいますが）。しかし，ハイパーテキストでは，ひとつのページの上から複数のリンクが別のページへと張られているのが普通です。

> **コラム 5・ハイパーテキスト**
>
> ハイパーテキストは，最初から最後まで順番に読んでいくという「リニア・テキスト」と異なり，読み手がどこをどう読むかを選択しながら読んでいくテキストで，情報の間の「リンク」が重要な鍵となります[1]。ハイパーテキストは，Web 上の情報構造の基礎になっています。Web ページの見栄えやリンクを指定するための言語である HTML というのは，Hyper Text Markup Language の略ですから，まさにハイパーテキストを作成するための仕組みなのです。
>
> ハイパーテキストの起源をたどると，ブッシュ（Vannevar Bush）の構想したメメックス（Memex）という歯車式の機械に行き着きますが，ハイパーテキストということばを考えたのは，ザナドゥー（Xanadu）というシステムを考えたネルソン（Ted Nelson）です。ハイパーテキストの概念は，単に技術的なものではなく，テキストの構造や読みに関わる文芸批評・文学理論でも重要な概念となっています[2]。
>
> [1] ジョージ・P・ランダウ（1996）『ハイパーテクスト：活字とコンピュータが出会うとき』ジャストシステム（原著 Landow, G. P. (1992). *Hypertext : the convergence of contemporary critical theory and technology.* Johns Hopkins University Press.）などを参照。
>
> [2] 土田知則，神郡悦子，伊藤直哉(1996)『ワードマップ 現代文学理論』新曜社

したがって，「次のページ」というのが，読み手によって，また読む機会ごとに，異なる可能性が開かれています。また，ひとつのページを全て読んだ後で次のページに進むという読み方よりもむしろ，ひとつのページの上の情報を読んでいる途中で，ある部分からリンクを張られた別のページに行き，それからまた元の

ページに戻ってきたり,ある場合にはそのままどこかへ行きっぱなしになったりすることもあります。

ひとつのWebサイト内での情報の構造もひとつのハイパーテキストを形成していますし,Web全体も大きなひとつのハイパーテキストと言うことができます。他のサイトへリンクを張ることによって,自分が用意したテキスト以外の情報をも,自らのテキストと関連させて「読ませる」ことが容易にできますし,それによって自分のテキストを外に開かれたものにすることができます。

このようなハイパーテキストという性質をもったWebを利用すると,今までの教材と全く質の異なったものができる可能性があります。この章では,ハイパーテキストとしてのWebを利用した教材として,どのような新しいものが可能なのかを,考えていきたいと思います。

1-1 「注」としてのリンク

従来のリニアな「テキスト」では,文章中の単語や表現についての説明を学習者が参照しやすい形で表示することは,容易ではありません。例えば,同じページの左右や下に「注」の欄を設けて,そこに新出語や難解表現の説明を記しておくことはできます。しかし,本文に比較して非常に限られたスペースしかとれないことが前提となります。本の巻末にまとめて注をおけば,それぞれの項目の長さに課せられる制約は小さくなりますが,注を見たい時には別のページをめくらなければなりませんし,探している項目を見つけるのにも手間がかかります。もちろん,辞書など他の冊子を参照したり,注を別冊にするなどの手段もあり得ますが,物理的に複数の冊子を持ち歩き,相互に行ったり来たりする手間

がかかります。

　ハイパーテキストを使うことによって,「注」にまつわるこれらの問題は容易に解決することができます。文章中の単語や表現の上をクリックして説明を表示するのは簡単です。新たに別のウィンドウを開いてそこに説明を表示すれば,もとの文章はそのままにしながら説明を見ることができるので,欄外の注と同じように手軽に本文と注を行ったり来たりすることができます。注が長い時には,注のウィンドウの中でスクロールすれば,いくら長くてもスペースをとらずにすみます。

　ハイパーテキストでの「注」の便利なところのひとつに,注の中にさらに注を埋め込むことが簡単にできるということがあります。従来の本の注でも,注の中に別の注への参照を記すことはありました。しかし,あまりそのような「注の注」をたくさん付けていては,非常に煩雑になります。また,どこからどうたどって行ったかが,すぐにわかりにくくなってしまいます。しかしハイパーテキストでは,そのような不便さはほとんどありません。

　また,ハイパーテキストの「注」では,様々な情報源を利用することが簡単にできます。例えば,単独のパソコンの上で動くソフトでも,市販の辞書ソフトを利用して,辞書の該当項目を表示させることができます。そうすれば,教材制作者が「自前で」すべて説明を書かなくても済むと同時に,学習者の側でも何冊もの辞書を持ち出して調べるという手間が省けます。また,同じ表現を使った別の文章を表示することも容易にできます。古今東西の文章が書かれたファイルがあれば,その中から関連ある表現が含まれている文章の該当部分を表示すればいいわけです。

　インターネット上でこのようなハイパーテキスト教材を作れば,利用できる資源はさらに質・量ともに増大します。インターネット上で利用可能な辞書・事典類も数多いですし,様々な分野別の

用語集の類も多数存在します。さらに，多様な分野・ジャンル・スタイルの「現実の」文章で使われている「用例」は，ほとんど無限と言える広がりをもっています。

このように考えていくと，ハイパーテキストを活用した教材を作成することによって，従来の読解用の教材ではできなかったような「注」による説明や用例の提示ができるということがわかります。従来の「閉じた」テキストから，高度に「開かれ」，かつ多数の関連情報を利用しやすい教材が作れるというわけです。

例えばアメリカの Transparent Language 社では，CD-ROM による外国語学習教材を発売しています[1]。それらの教材では，会話や文章の本文中の単語にカーソルを合わせると，その説明が別のウィンドウに提示されます。このように，コンピュータを用いた CD-ROM 教材の中には，単語や語句，文法などの説明を，学習者に参照しやすい形で提示するものが少なからずあります。しかし，従来の教材での説明や注を大きく超えるほどのものは，ほとんど見られません。もちろん，説明を複雑にし過ぎてはかえって使いにくくなってしまいます。しかし，ハイパーテキストの機能をもっと有効に使った教材が出てきてもよいのではないかと，期待されるところです。

インターネットの上にある外国語学習教材でも，ハイパーテキストを十分に活用したものはほとんど見られません。だいぶ以前に私自身が，試作的に作ったものがありますが，それがほとんど唯一ではないかと思います[2]。この教材では，英語学習者向けに書かれた文章の中で，難解な単語や表現についての説明，リンクをたどることによって見ることができます。それだけでなく，その説明の中からさらに，説明が必要な単語や，関連する単語，他の文章で使われている例，などへのリンクがはられています。また，それぞれの文章について，関連するテーマの文章でインター

ネット上で閲覧可能なものへ、リンクがはられています。こうした形で、ハイパーテキストを利用することによって、立体的に関連する情報を提示することができ、今までの教材にはないような広がりのあるテキストを作ることができるのです。

1-2 複雑な構造を明示

　ハイパーテキストを活用することによる可能性は、単に多量の情報を「注」として結びつけやすいという便利さだけにあるわけではありません。知識の本質を考えると、ハイパーテキストによる説明というのは、非常に重要な意味をもってきます。

　例えば、単語の意味について考えてみましょう。「意味とは何か?」と大上段に問いかければ、それに答えるのはとても難しいことですが、外国語学習の場面を考えてみると、たいていの場合は「辞書に書かれている訳語」を「意味」とほとんど同義として扱っていると考えられます。例えば、desk ということばは「机」という訳語と結びつけて覚えておけば、一応「学習した」ことになってしまいます。しかし、desk ということばの意味は、必ずしも「机」と1対1に結びつくものではありません。例えば、table という単語との区別がどこにあるかを理解していないと、desk を適切に使うことができません。日本語では desk と table のどちらも「机」ということばで呼ぶことがあるのですから、desk と table と「机」の関係は決して単純ではありません。

　例えば、英和辞典をひくと、desk の説明に「(通例引き出しのついた)机、勉強机、事務机」[3]と書かれています。それに対して、table の説明には、「引き出しのない一枚板などでできた机；食卓・仕事台・遊戯台・細工台・手術台などに用いる」[4]などと書かれています。では、ダイニングで食事をする時に使って

いる机に引き出しがついていて，しかも人数に応じて大きくしたり小さくしたりできるように「一枚板」ではなく何枚かの板が組み合わせられていて，その上でいつも勉強しているような場合には，それは table と呼ばなければいけないのでしょうか，それとも desk と呼んでもいいのでしょうか。

　明確に必要十分条件として定義できるような単語は，非常に稀でしょう。自然物であれ，人工物であれ，ある単語の意味を正確に記述することは，ほとんどすべての場合に不可能なのです。したがって，単語の「訳語」や「辞書的定義」は，単語の意味を示す非常に単純化された近似に過ぎないわけです。

　では，単語の意味を理解し学習するためには，単なる「訳語」「定義」以上のどのようなことが必要なのでしょうか。ひとつには，上の desk の例で考えれば，table や他の家具類とどのような関係にあるのか，ということがあるでしょう。上位概念や下位概念との関係，類義語や反意語や対語との関係，など他の単語との関係には複雑なものがあります。また，どのような状況・文脈でその単語が使われるのか，どのような単語と一緒に使われるのか，ということもあります。そういった多様な情報が複雑な布置を構成しながら絡み合って，ひとつの単語の「意味」が成り立っているのです。

　複雑な構造をもった知識について説明するのに，従来のテキストは，必ずしも適していないという指摘もあります[5]。「単線的」なテキストによって表現される説明は，構造の複雑さを表示するには限界があります。そのため，過度に単純化された理解が形成されてしまう危険が大いにあるわけです。

　個々の単語の意味にまつわる複雑な「景色」[6]は，縦横に眺めることによってはじめて把握することができます。ハイパーテキストによって，個々の単語に関わる様々な情報が関連づけながら

提示されることにより,学習者は「訳語」などといった過度に単純化された知識ではなく,簡単に言語化することはできない曖昧模糊としているけれども豊かな意味の世界を少しずつ身に付けることが期待できます。

1-3　「読む」と「書く」の境界

ハイパーテキストはまた,ある意味で,「読む」ことと「書く」ことの境界を曖昧にします。従来のテキストでは,「書く」のはそれを生成し送り出す側の役割,「読む」のはそれを受け取り理解する側の役割,という具合に,「読む」ことと「書く」ことは分離してとらえられがちでした。それに対して,ハイパーテキストでは両者が融合する面が出てくるのです。

ハイパーテキストを読む時には,読む人ごとに実際に読んだページが違う場合も当然ありますし,読む経路となれば人によって違うのが当たり前になるでしょう。その意味では,読む人自身が読む「テキスト」を作っているとも言えます。自分の興味関心や,自分が必要としている情報の種類などに応じて,複雑にリンクし合っている多様な情報の中から自分の「テキスト」を選び編集しているのです。

さらに,Webを考えてみればわかるように,自らもWebページを作り,自分のサイトの様々なページから他のサイトに多様なリンクを張り,また他のサイトからもリンクを張ってもらうようなことになれば,簡単に「書く」側にまわることができます。「読む」べきテキストがどこか外にあり,それと切り離されて「書く」自分がいるのではありません。従来のテキストでは,読むべき文章は読み手とは物理的に厳然と切り離されて存在して,それに関連することを自分が書いても,それはもとのテキストと

は別個の独立したテキストが生み出されるにすぎませんでした。もちろん，参考文献や注などの中で他の文献に言及することは，従来のテキストでもありました。またそのような明示的な指示でなくても，目に見えない形で他のテキストと結びつき合っていることもありました。しかし，ハイパーテキストでは，そのような結びつきが明示的・物理的に形になるわけです。

　そう考えると，ハイパーテキストでは，書き手と読み手の境界が明確でなくなり，両者が共同してテキストを生成していく場であるとも言えます。言語の学習環境としてのWebを考える時に，こうした視点をもつことによって，学習者の役割を単に「教材を与えられる」存在としてではなく，共同でテキストを生み出す存在としてとらえ直すことができるのではないでしょうか。

【注】

[1] http://www.transparent.com に，この会社の提供している教材やWeb上でのサービスなどがあります。

[2] 簡単な紹介と理論的背景は，

Sugimoto, T. (1995). A framework of hypertexutal vocabulary support for collaborative learning. In J. L. Schnase, & E. L. Cunnius (Eds.), *Proceedings of CSCL '95 : The First International Conference on Computer Support for Collaborative Learning.* 337-340. (http://www-cscl95.indiana.edu/cscl95/sugimoto.html)

にあります。この教材は，現在でも

http://lrs.ed.uiuc.edu/impact/

におかれていますが，開発当時と別のサーバに移した際にリンクを書き換えていないため，現在見ようとすると，リンクをたどるたびに「該当ページが存在しない」というエラーになってしまいます。URLの最初の部分をそのつど，「www.ed.uiuc.edu」から「lrs.ed.

uiuc.edu」に書き換えれば，閲覧可能ではあります。
[3] 研究社『新英和中辞典』
[4] 同上
[5] Spiro. R. J, Feltovitch, P. J., Jacobson, M. J., & Coulson, R. J. (1991) Cognitive flexibility, constructivism and hypertext: Random access instruction for advanced knowledge acquisition in ill-structured domains. *Educational Technology.* 31(5), 24-33.
[6] ウィトゲンシュタイン『哲学探究』大修館書店

2 外国語教育における Web の意義

インターネットは1991年，それまでの学術目的の利用から一般に開放されました。しかし，インターネットが広く世の中に知られるようになったのは1993年以降のことです。この年，画像，音声も扱うことのできるモザイク（Mosaic）というブラウザが発表されます。それまで文字中心だったインターネットが，マウスのクリックだけで操作をすることができ，コンピュータになじみのない人でもたやすく扱うことができるものになりました。今でもインターネットと Web をほとんど同義に見る人も数多くいます。

しかし，Web はあまりにも手軽に使うことができるためか，その意義については深く考えられてこなかったように思います。本節では Web を語学教育に利用する意義を考えながら，実践の例を紹介します。

2-1 インターネットと CD-ROM

　私がはじめて Web を知ったのは1994年のことでした。大学のコンピュータ室のワークステーションに Mosaic というブラウザが入ったと聞き，おそるおそる試してみました。マウスをクリックすると画像のついたページが次々に現れます。コンピュータで画像を扱うことができるというのが驚きでした。

　翌年の春，愛知県春日井市の中部大学で学内向けのインターネット講習会があると聞き，おしかけて参加させていただきました。そこで見たのはもっと驚きでした。パーソナルコンピュータ，Macintosh 上で Mosaic が動いていました。Project Gutenberg というサイトでは文学作品全文を読み出すことができます。The Weekly Idiom というサイトでは英語のイディオムが紹介され，アイコンをクリックすると，なんと会話がスピーカーから聞こえてきました。テキスト，画像，音声を同時に扱うマルチメディアです。それまでのパソコン通信の世界から時代は大きく変わろうとしていると感じました[1]。

　その数ヶ月後，同じ中部大学で行われた英語教育とインターネットに関するワークショップで今度は私が講師となり，インターネット上で公開されている英語教材の紹介を行いました。インターネットに接続されたパソコンを使って The Weekly Idiom を中心に紹介をしました。

　私のセッションが終わって質疑応答の時間になりました。やや年配の方が手を上げられ「これは CD-ROM ではないのですか」という質問をされました。ワークショップで行ったデモンストレーションはインターネットにつながっており，表示されたテキスト，画像，再生した音声はその場で，アメリカのサーバーから送られてきたものです。

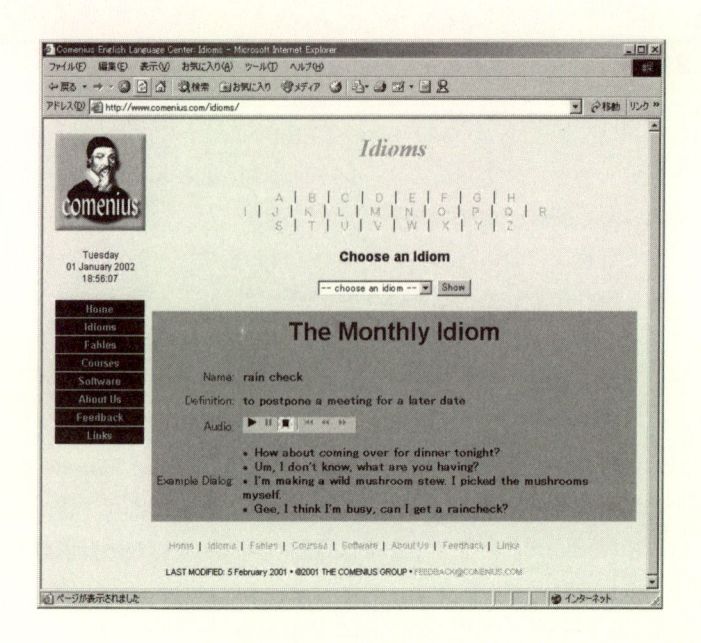

図2　The Monthly Idiom

　予期しない質問に答えがつまりました。当時，パソコンはかなり普及していましたが，多くはまだインターネットに接続したものではありませんでした。しかし，CD-ROMでは英語などの学習教材がいろいろ発売されていました。CD-ROMを使うとThe Weekly Idiomと同じようにテキスト，画像，音声をパソコンで利用できます。質問をされた方はおそらくインターネットについてご存じなかったようです。

　しかし，この質問は私にとっては衝撃的でした。私がデモンストレーションしたThe Weekly Idiomはテキスト，画像，音声を統合的に扱った教材がインターネット上で利用できるという意味で画期的でした。しかし，これと同じことはCD-ROMを使えばできることです。CD-ROMでできることをわざわざインター

ネットで行う意味はあるのでしょうか。

2-2 Webの意義

　Webは欧州原子核共同研究機関のティム・バーナーズ・リー (Tim Berners-Lee) の発想から生まれたものです。理系の研究は日夜分かたず続けられ，その成果は世界に散らばる研究者が共有しなければなりません。バーナーズ・リーがめざしたのは核物理学研究者間での知識，情報の共有です。それまでデータの公開といえば，中央で大きなコンピュータに集中して蓄積するという方法がとられていました。

　しかし，この方法には大きな欠点があります。ひとつはコンピュータの負荷です。一度に多数の利用者がアクセスをすれば大型コンピュータといえども負荷は高くなり，利用効率は下がります。もうひとつの欠点はこのような大規模なデータ管理は大型プロジェクトには適していても，個人的な利用や小規模な用途には向いていないという点です。例えば，私たちが個人の研究成果を公開しようとするとき，集中管理された大型コンピュータ上に置くのは手続きも煩雑ですし，費用もかかるでしょう。

　バーナーズ・リーが考えたのは，発想を逆にしてネットワーク上にデータを分散する，分散型データベースです。データは分散して置いてあっても，それをハイパーテキストによって結びつければいいのです。このような発想から生まれたのがWorld Wide Webです。データはネットワーク上で，ハイパーテキストによってクモの巣のようにつながれています。このしくみをWeb（クモの巣）とよぶのはこのためです。

　Webの意義は本来ならバラバラに分散し，孤立したものをつなぐところにあります。そのデータがテキストであるか，画像で

あるか，音声であるかは問題ではありません。データの種類のいかんにかかわらず，孤立したことがらが結び合わされるという点にWebの意義があります。

The Weekly Idiomはインターネット上にはじめて公開された英語教材のひとつです。しかし，The Weekly Idiom 自体はマルチメディア作品という点以外，画期的なことはありませんでした。この意義はマルチメディアにあったのではありません。公開したのはエレン・カッパス（Ellen Kappus）とデビッド・ロジャーズ（David Rogers）というふたりの英語教師です。本来なら名前も知ることのなかったふたりの活動を知り，その成果を利用することができたという点に意義を見いだすべきだったのです。

カッパスとロジャーズのふたりはThe Weekly Idiomに続いてFluency Through Fablesというページも公開しました。ここには「うさぎとかめ」などのイソップ物語が提示されます。テキストを読んだ後，語彙テスト，理解度テスト，空所補充問題をWebページから試すことができます。ここまではリーディング教材によくある形式で，それをWebに組み込んだのと同じで目新しいところはありません。

Fluency Through Fablesで注目したいのはWritten Discussion Exercisesというセクションです。このページを開くと，「この話の教訓は何ですか」「教訓に賛成ですか，反対ですか，それはなぜですか」「同じような状況になったことがあります」という問いがあり，自分の考えを書き込むことができます。書き込んだ意見はWebページに登録されて読みあうことができます。

ここには思いがけない意見が掲載されていることがありました。「うさぎとかめ」の話では「かめが勝てたのはうさぎが居眠りしたという偶然があったから。うさぎと競争したかめはやはり無謀だった」といった意見が掲載されていました。それが文化背景に

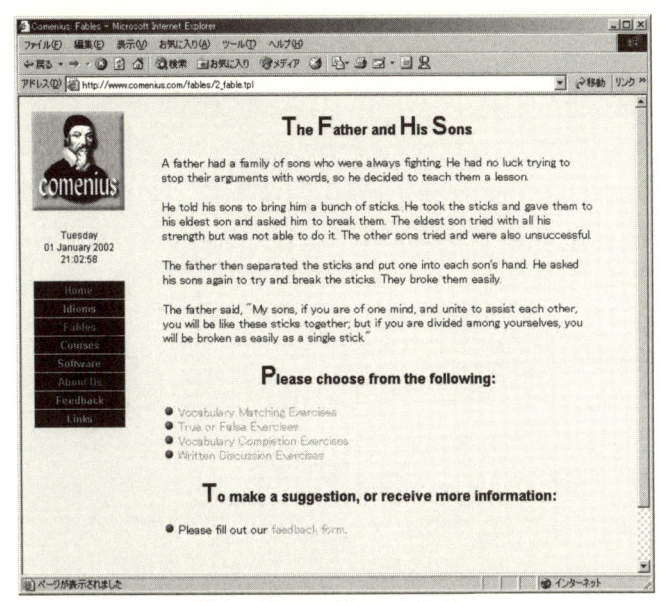

図3　Fluency Through Fables

よるものか,個人差によるものかはわかりませんが,自分があたりまえと思っていたこととは違う意見を読むのは驚きでした。

この Written Discussion Exercises はネットワークの意義を生かしたしくみです。本来なら出会うことのない人を結び合わせ,驚きの仲立ちをしています。語彙テスト,理解度テスト,空所補充問題は CD-ROM でもできることですし,そもそも問題集で行ってもいいものです。しかし,Written Discussion Exercises はネットワークでなければできない実践です[3]。

Web が現れたとき,人に教えてもらってそのしくみを知りました。HTML という約束にしたがって文書を作ると,ハイパーテキスト形式でページをつなぐことができます。これを書くのはプログラムを書くのとは違いますから,プログラミングの経験が

ない人でも簡単に理解できます。このしくみを知ったとき，まず思ったのは「これを使えば，コンピュータ上で練習問題を作ることができるぞ」ということでした。まず，問題を書いておいて，その下に解答の選択肢を並べます。選択肢はそれぞれ別のページにリンクされて飛ぶしかけを作っておきます。すると正解を選んだ場合は「よくできました」という表示を出し，まちがいを選んだときは「残念でした」という表示を出せばよいのです。Fluency Through Fables の語彙テスト，理解度テスト，空所補充問題と同じしくみです。

しかし，これは意味のないことだとわかりました。このしかけはコンピュータの画面を使ったページめくりにすぎません。冊子になった練習問題集に取り組んだ経験はだれにもあると思います。本文のページで練習問題に取り組んだ後，巻末の解答のページを見て答え合わせをします。それをコンピュータ上に実現したにすぎないのです。紙でできることをコンピュータで行う意味を考えても，手でページをめくることをマウスで実現したことくらいしかみつかりません。しかし，Web 上の英語教材というとこのようなものが多いようです。

2-3 大賀郷中学校の実践

大賀郷中学校（東京都八丈町）で山入端（やまのは）信之先生が Web 上で行われた実践に "My Dream" というものがあります。山入端先生は Web 上に中学校 3 年生が自分の将来の夢について書いた作文を公開されました。そのうち Sadako さんと Naoki 君の作文の最初の 4 行を見てみましょう。

> My dream is to be a chocolate critic.
> I have selected this dream because I like chocolates.
> It's not easy to travel all over the World.
> First, I have to learn a foreign language. (Sadako)

> My dream is to be the best soccer player in the world.
> I have selected this dream because I like soccer.
> It's not easy to become the best soccer player in the world.
> First, I have to practice very hard. (Naoki)

ふたりとも同じようなパターンです。これは中学校3年生の英語教科書 *Sunshine*（開隆堂）を使った授業のなかで行われたものだからです。ここには"My Dream"という単元があり，自分の夢をクラスのみんなの前でスピーチとして発表します。しかし，中学校3年生でスピーチの原稿を白紙から作っていくのは大変です。そこで，ここにはモデルのスピーチが示されていて，一部表現を入れ替えることで自分独自のスピーチ原稿を作ることができるようになっています。SadakoさんとNaoki君の作文はこのモデルにしたがったものです。

ところで，教室でみんなに発表するのは意義のあることですが，たいていはみんな何を考えているか知っています。自分の将来の夢を語る人は自分と同じ夢をもっている人は何を考えているのか，知りたいものです。しかし，クラスには同じ夢をもっている人が必ずしもいるとは限りません。

しかし，全国で *Sunshine* の教科書を使っている生徒は何万人

もいます。そのなかには Sadako さんのようにチョコレート評論家を夢見る人もいるかもしれません。チョコレート評論家ではなくてもお菓子作りをしたいという人ならいるかもしれません。

作文を Web に公開するということは読み手，書き手のきずなを作ることです。Web に公開しただけでは人が読んでくれるという保証はありません。しかし，作文を先生に提出するのとは違って，読者にあてて文章を書くことで，すでに書くという行為に新しい意義が生まれ，だれかが読んでくれるチャンネルが開いていることになります。Web は読み手，書き手というきずなにより，人と人を結ぶところに教育的な意義があります。

2-4 胆振英語教育研究協議会の実践

北海道の南西，支笏湖，洞爺湖の周辺を胆振（いぶり）といいます。この地域の中学校の英語の先生は胆振英語教育研究協議会という集まりを作っておられ，Web ページを公開しておられます[4]。このページには先生方が授業で実践しておられるアイデアがたくさん公開されています。久保内中学校の中川先生が公開しておられる "Hot Ball" は次のようなものです。

生徒に輪を作らせます。（人数が多いところは何個かにわけるといいでしょうね）そしてボールをひとつ用意。（スポンジ製だといいですね）ここで生徒には「このボールはあついからすぐ投げてね」と言います。次に何か質問をしながら，他の生徒に投げるんです。例えば "What's your name?" と質問しましょう。受け取った生徒は，"My name is Eriko Nakagawa. What's your name?" と言って，他の生徒に投げ

> るんです。質問と答え方の練習になります。

　このような練習では答えを頭のなかで組み立ててからおもむろに言うのでなく，すばやく応答することが大切です。ここで，スポンジボールを使った中川先生のアイデアは秀逸です。

　胆振地区は自然に恵まれた美しい地方です。しかし，全国から見れば過疎地。そこでは生徒の数が減り，学級数も減り，学校の規模も小さくなっています。英語の先生がひとりという学校もあります。そこでは教科の会議ができません。相談する相手もいません。研究会に出るにも小さな学校ではなかなか学校をあけることもままなりません。

　胆振英語教育研究協議会のWebページはこのような孤立した教師をしっかりと結んでいます。一人ひとりのアイデアは小さくても，みんなで持ち寄れば大きな資源になります。協議会ではまたメーリングリストを立ち上げ，いつでも情報，意見の交換ができるしくみを作っています。むずかしい環境のなかで，日本の英語教育を支えておられるのはこのような方々です。そしてインターネットがそのような方々を結び合わせています。ショーウィンドウのようになりつつあるWebページが増えるなかにあって，「胆英研」のWebページはインターネットの社会的な意味を正しくとらえ，意義の高いものです。

【注】

[1] 毎週ひとつずつイディオムを掲載しているのでこの名がありました。その後，毎月，ひとつずつになり名前も"The Monthly Idiom"と変わりました。現在は，これまで蓄積してきたイディオムのページを公開しています。

http://www.comenius.com/idioms/
[2] これも現在，更新は行われていません。
http://www.comenius.com/fables/
[3] しかし，Written Discussion Exercises も現在はサポートが中止されており，以前の書き込みも読むことはできません。
[4] 胆英研
http://www2.hamajima.co.jp/~taneiken/

6 Webを使ったライティング

1 人と人とをつなぐWeb

　Webはブラウザという使いやすいソフトウェアが現れたおかげでインターネット上で広く利用されるメディアとなっています。語学教育ではWebはまずリーディングでの利用が行われました。WebのページはHTMLというきまりに従って文書を書けば，だれでもたやすく作ることができます。また，画像を簡単に利用することもできます。

　このため，Webはメールとは異なった，新しいライティングのメディアとして注目されています。Webは数多くの読者に向けて作品を発表するのに適したメディアです。ここから語学教育におけるライティングの新しい意義も生まれました。本節ではライティングの実践例を紹介しながら，Webの意義を考えてみたいと思います。

1-1 リーディング素材として始まったWeb

　インターネット上でWebの利用が可能になると，外国語教育ではまずリーディング素材としての利用が始まりました。当時，よく行われたのはInternet Treasure Hunt（インターネット宝

探し）です。インターネット上のサイトを探索して，自分が一番気にいったページを探し，それを教室で発表するという活動です。一般にリーディングの学習といえば，生徒は与えられた教材を読まされます。そこでは内容について読み手に選択の余地はありません。これはとても不思議なことです。私たちの生活では「読む」という行為はなんらかの目的や意志につき動かされているものです。仕事のうえで読みたくもない報告書を読まなければならない場合でも，業務の遂行という目的のためだからこそできることです。Internet Treasure Hunt は読み手の側に内容を選択する権利を与えるという点で画期的でした。

Internet Treasure Hunt はリーディングのあり方について，この他にも新しい示唆を与えてくれました。この活動を行ってみると学生は実にさまざまなページを報告してきます。そこに共通しているのは自分が今，いちばん関心のあるテーマであるという点です。やさしい英語で書かれていて読みやすかったという理由で選んでくる者はまずありません。教室の授業でリーディング教材を選ぶ場合，語彙や表現などの難易度を基準とすることが多いものです。しかし，それは正しかったのか，考えさせられます。学習者にとってリーディングはやさしく書かれているかどうかより，そこに書かれているメッセージが今の自分とどのようにかかわりあっているかという点が大切なのです。

Web がリーディングの素材として注目されたもうひとつの理由は言語素材が生であるという点です。教科書の英語は編集者の側でなんらかの手が加えられているのがふつうです。元の素材をそのまま持ってきた場合でも，読む側からすると，それはコピーにすぎず，現物ではありません。Web では新聞やテレビ局のニュース記事などを発表と同時に読むことができます。授業の前日，自宅で CNN のニュース番組をビデオに収録しておき，翌日，

学校でCNNのWebページからそのニュース番組の放送スクリプトを取り出し、授業前に印刷するという先生がおられました。こうすると、学生は授業でCNNのビデオを見て、聞き取れない個所をスクリプトで確かめることができます。

1-2 読み手と書き手

　Webはその後、すぐにライティングへの利用が始まりました。ティム・バーナーズ・リーが描いたように、自分のデータを自分のサーバーに置いておくだけで、必要な人は読みにきてくれるしくみができあがります。まず行われたのは教室で書いた作文をWebに公開するという試みでした。第5章2-3で紹介した大賀郷中学校の実践はその例です。

　作文をWebに公開するということはそれまでのライティングとは大きく質の異なるものでした。一般にライティングの授業といえば、《課題を与える　→　生徒が作文する　→　教師が添削する　→　教師による講評》という手順をとることが多いものです。このプロセスで致命的なのは「書き手」「読み手」という関係が存在しないことです。教師は生徒の書いた作文を読んではいますが、読み手ではありません。教師が見ているのは、正しく書けたかどうかです。そこに書かれたメッセージを読みとっているわけではありません。生徒もまた、作文を書いてはいますが、書き手ではありません。生徒は相手に自分の思いを伝えたいと思って書いているのではなく、いかにじょうずに書けるか示すために書いているのです。

　これはパラグラフ・ライティングとよばれる高度なトレーニングでも同じです。パラグラフ・ライティングではパラグラフの内容をひとことで表すトピック・センテンスをどのようにパラグラ

フに展開するかを学びます。場所の描写，時間にそった描写，原因・結果，比較・対照などの手法ごとにモデルにしたがってトピック・センテンスを展開します。手法は高度ですが，そこで行われているのはやはり「形」についてのトレーニングです。

日常の生活や仕事で私たちが「書く」場合には読み手を想定しています。読み手にしたがって表現や文体，内容を決めていきます。日記ですら自分という読み手を念頭に書いているはずです。ついぞ日記など書いたことのない私ですが，ガソリンスタンドでの車への給油の記録は欠かさず手帳につけています。燃費を見ていくことで車の状態を把握できるように思うからです。手帳には次のような形で書きつけています。《4-25　285　53162　1710　18.2　94》　順に，《月日，走行距離，通算走行距離，ガソリン代金（税抜き），リットル数，1リットルあたりの価格》です。知らない人が見るとわからないでしょうが，私にはこれで十分です。ただし，そのためには記入する項目の順番を決めておきます。燃費に異常をみつけて整備工場に出す場合，整備依頼メモには「リッターあたりの走行距離がこれまで15km前後だったものが，最近1か月，11kmに落ちました」のように書くでしょう。

読み手，書き手という関係の中で文章を書くというのは一般的な技能で，外国語学習の守備範囲外という考えもあるかもしれません。第3章2-2で紹介した英語教育学者リバーズはアメリカ国防省英語教育研修所での集まりで次のように話しました。

> 国防省外国語教育プログラムの解説には次のように書いてあります。「生徒は基本的なパターンと構造をマスターすれば，次にさらにコントロールされた置換練習に進むことが可能となり，その結果，自由に会話をすることができるようになる」　単純明快，むずかしい複雑なこともすっきりさわやか。生徒は「基本的なパターンと構造

をマスター」し，教師は細心の注意を払ってドリルを用意すれば，おみごと，生徒は教室の外に出て自由に話すことができるというわけです[1]。

リバーズのことばはもちろん皮肉です。外国語を学ぶには言語形式だけのドリルではだめで，意味のある場面で意味のある言語活動を経験する必要があると言っています。Web を使ってライティングを行うということは，これまでの私たちのライティングについての思いこみを根元的に問い直すことです。

私の担当しているインターネットを使ったライティングの授業ではまず自己紹介をメールで送ってもらいます。授業では参加者全員をメンバーに登録してメーリングリストを作っています。メーリングリストにメッセージを送ればクラス全員で読み合うことができます。最初の課題である自己紹介では次のような例が相当数あります。

I am a student at Tokai University. I am a junior student. My major is English.

この授業は英文学科3年生が対象の授業です。ですから，「私は英文学科の3年生です」と自己紹介するのは意味のないことです。ひょっとして日本語で自己紹介を書いてもらったり，ひとりずつ教室の前に出て自己紹介をしてもらったりしたら，上のような意味のない自己紹介にはならなかったかもしれません。母語でできるからといって，その技能がそのまま外国語に転移できるとは限らない例です。

1-3 新しいライティングの技能

　WebのページはHTMLという約束によって記述します。これはプログラミングではありませんから，そのしくみを教われば，コンピュータに経験のない人でも割と簡単にページを書くことができます。また，ワープロに似たHTMLエディタを使えば，HTMLのしくみを知らなくてもページを作ることができます。Webがメールとともにライティングのメディアとして使われるようになったのはこのような事情も背景にあったようです。

　しかし，Webがライティングのメディアとして使われるようになると，その本当の意義が明確な形となって見えてきました。そのひとつは読み手，書き手の関係を築くということです。メールも同じ関係を作ることができますが，それは基本的に1対1の関係です。短いメッセージを何度も往復させるということには適していますが，作品とよぶべきやや長い文章を送りあうには適していません。

　Webでは不特定多数の潜在的読者に向けてライティングを行うことができます。それは本を出版することに似ています。だれが読んでくれるか，あらかじめわかってはいないのですが，想定した読者に向け，潜在的に読み手，書き手の関係を築きながら書いているのです。クラスの学生の作品を一覧表にしてリンクを作ると，みんなで作品を読み合うことができます。また，Webページにはアクセスのあった回数を記録するカウンターをつけることができます。自分のページのカウンターの数字が上がっていくのは学生にとって励みになりました。自分の作品を読んでくれているという手応えを感じるのです。ときには知らない人から作品の感想についてメールが届くこともあります。自分の書道の作品を画像にしてページに掲載した学生は，書道関係の雑誌編集の

方の目にとまり，インタビューを受けたこともありました。

　Webを使ってライティングを行うと，学生は画像を入れたり，背景色を工夫したり，文字の大きさを変えてみたり，視覚的な要素がとても気になるようです。Webのページではあまりはでな色を使ったり，色数を増やしたり，文字が大きすぎたり，小さすぎたりすると読みにくくなるので，奇抜すぎるレイアウトはふつう推奨されません。それでも学生は視覚的な効果を出そうと力を入れます。

　このようなビジュアルな要素はこれまでのライティングでは教えられてきませんでした。むしろ，見栄えという周辺的なことがらとしてことさら敬遠されてきたものです。しかし，文字の大きさ，レイアウト，行間のスペースなどは文章に化粧をさせているわけではありません。なによりも，読み手に「読みたい」という気を起こさせるだけでなく，視覚的によく整理された情報は文字だけの情報に比べて理解し，記憶に残りやすいものです。これからのライティングでは，どのようにすればよりわかりやすくコミュニケーションできるかという視点から，ビジュアルな側面をもっと学んでいく必要があるでしょう。

　コンピュータやネットワークを使ったライティングを研究してきた人にテキサス大学オースチン校のペグ・サイバソン（Peg Syverson）がいます。彼女はライティングに関する講演をした折，「従来の教え方に比べコンピュータを使った教え方がすぐれているという証拠はあるのか」という質問を受けました。彼女は次のように答えました。

　　オンラインによるライティング授業を行うと伝統的な作文を書く力が伸びるという証拠があるかというおたずねですが，その証拠はありません。それは車の運転講習の授業を受けると乗馬の技術が向

上するかと問うのと同じです。(中略) 私たちが行っているのは，これからの社会で必要なライティングの力を生徒につけさせることなのです[2]。

Webで行うライティングは読み手，書き手という関係の中で書くという意義とともに，理解しやすい情報という視点から考える必要もあります。

1-4　発表の場としてのWeb

Webを使ったライティングの実践でどれにも共通するのは目的が明確である点です。よく行われるのは自分たちの町や学校を紹介するという活動です。このような活動ではだれを読者として考えるかで，内容も表現も変わります。英語でのライティングでは一般に外国の人を読者として想定することが多いようです。

その例としてドイツのドレスデン工科大学の学生が英語の授業で行った実践を見てみましょう。授業では英語で作品をWebに発表するということが行われました。テーマはドイツあるいは外国の文化に関することがら，または学生生活に関することがらというおおまかな枠だけです。1999年，2000年の作品のテーマは次のようなものでした。

・アメリカの食事（アメリカ旅行で体験した食文化）
・エルベ川沿いの町のお祭り
・ドレスデンのユダヤ人の暮らし
・ドレスデン在住の現代作家
・ドレスデンの映画館案内
・イスラエル体験記

・ドレスデンのプール案内

　自分たちの住む町の案内が5つ，外国旅行で経験した驚きが2つです。ドレスデン案内は観光ガイドには現れないような内容です。ドレスデンでB級映画，外国語による映画を見られる映画館はどこか，料金はいくらかという情報はおそらく私には縁のないものですが，「ドレスデンの映画館案内」はそのような読者を想定して書かれています[3]。

　このうち完成度の高いのが「ドレスデンのユダヤ人の暮らし」(Jewish Life in Dresden)という作品です[4]。これはドイツ人学生ふたりが英語の授業のプロジェクトとして制作したものです。解説書を読み，ユダヤ人移民にインタビューを行い，その歴史，背景，現在の暮らしの様子を詳細にまとめています。写真と図版を使い，専門書のようなできばえです。この成果はWebでなければできなかったことでしょう。

　第6章1-1でWebがリーディングに使われた理由のひとつに生の言語素材が手に入ることをあげました。よく使われることばで言えば「生きた英語，本物の英語」に触れることができるということです。しかし，何が「本物」であるかについては深く考える必要があります。

　「本物であること」ということは一般に，「教科書という目的のために語彙や文法を絞り込んだり，表現に手を加えたりしたものでなく，実際に使われる言語に修正を加えていないもの」と理解されています。つまり，言語素材のありかたです。「インターネットを使えば本物の英語を読むことができる」というのはその例です。

　しかし，インターネットで最新のニュース記事を取り出し，本物の言語素材を使っても，それを「日本語に訳してみましょう」

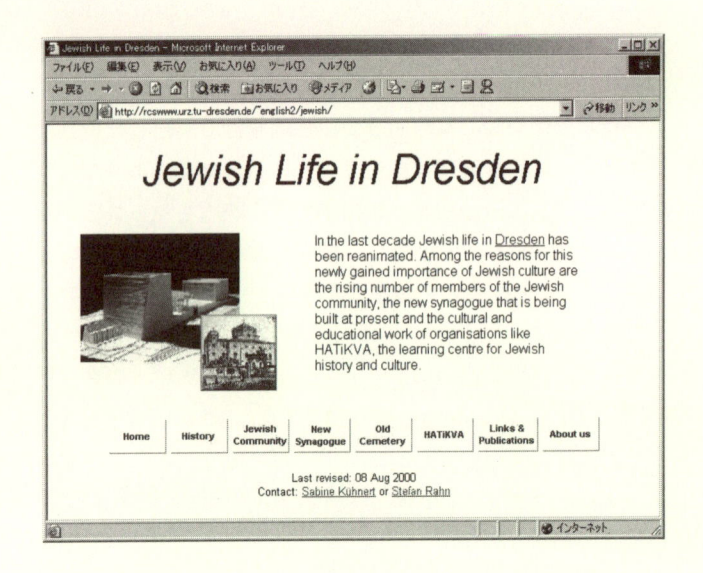

図4　ドイツの学生による英語の Web ページ・Jewish Life in Dresden

という使い方をするのでは，学び方として本物とは言えません。

「本物である」というのは言語素材についてではなく，言語活動についてでなければなりません。素材を与えられ，自分の関心，思いとは関わりのない内容を読ませられるというのでは本物の読みと言えないでしょう。読みたいという思いにつき動かされ，自分の思いと重ね合わせて読むのでなければ読みとは言えません。

書くということについても同じことが言えます。相手に伝えたいという思いがあり，つながっている相手がいなければ書くという行為は成り立ちません。自分と相手の生活や考え方にかかわる思いを仲立ちに読み手と書き手という関係を築くことが書くということです。「ドレスデンのユダヤ人の暮らし」は英語を学ぶということと，同じ町に住むユダヤ人の暮らしを知りたいという思

いが重なって生まれた作品です。このような学びこそ「本物」と言えるのではないでしょうか。

【注】

1. Rivers, W. M. (1976). Talking off the tops of their heads. In W. M. Rivers, *Speaking in many tongues : Essays in foreign-language teaching*, 2nd ed. (pp. 21-35). Rowley, MA : Newbury House.
2. Warschauer, M, Shetzer, H., & Meloni, C. (2000). *Internet for English teaching*. Alexandria, VA : Teachers of English to speakers of Other Languages.
3. http://www.geocities.com:80/Athens/Forum/8383/
4. http://rcswww.urz.tu-dresden.de/english2/jewish/

2 インターネットで「書く」こと

インターネットを利用することによって，教育の中での「書く」ことの位置づけが変わってくる可能性があります。というのは，これまでは教室の中で書いたものを読むのは，ほとんどの場合，評価者としての教師でした。他の学習者が読むことすら，非常に限られていました。特に外国語学習の中では，文法や単語の使い方などの練習として書くということがほとんどだったのではないでしょうか。そこでは，書き手が読み手に何かを伝えたいとか，読み手に共感してもらいたいとか，読み手と共有することを作りたいとか，そういったコミュニケーションの動機が書くことの背後に見られませんでした。また，書くことは，自分の考えを整理したり，自分を振り返ったりするためにも，重要な働きをしますが，教室内での従来の「書く」ことの中では，このようなこともほとんど全くと言ってよいほどありませんでした。

ところが，インターネットを使うことによって，自分の書いたものを様々な形で「読み手」に見てもらうことができます。電子メールのように1対1で特定の相手に向けて文章を書くこともできますし，特定のグループの中でメーリングリストやWebを使って多数の人に読んでもらうこともできますし，さらには不特定多数の人が読める場に自分の文章を置くこともできます。

　このような場で「書く」ということは，どのような意味をもつのでしょうか。本節では，まずその問題を，特に「読み手」をキーワードにして考えてみたいと思います。本節の後半では，インターネットでの「書く」ことが，「文字を書く」という従来の意味での「書く」ことから拡張しつつあることについて，考えていきたいと思います。

2-1 インターネットでの「読み手」と「書く」こと

　インターネットという不特定多数の人が読む可能性がある場所に，自分の書いたものをのせるというのは，今までのメディアにはない，とても興味深いことのように思います。これほど「不特定」の人に読んでもらう可能性のあるメディアは，これまではなかったのではないでしょうか。普通の人が生活の中で触れているメディア・道具では，自分の書いたものはごく少数の特定の人に読んでもらうことに限定されています。日記は自分しか読まないのが普通ですし（交換日記・グループ日記は別ですが），手紙は相手の人しか読みません。例えば，新聞の投書欄に自分の書いたものを投稿し，首尾よく採用された場合でも，その文章を読むのはある特定の新聞を購読している人（の中で投書欄を読む人）だけです。

　ところが，インターネットでは，A新聞を読む人もB新聞を読

む人も，一般紙を読む人もスポーツ新聞を読む人も夕刊紙を読む人も，新聞は読まず写真週刊誌しか読まない人も，新聞雑誌は読まずテレビしか見ない人も，読んでくれる可能性があります。

　では，そのように，どこの誰がどんな背景をもって何を考えて読むかわからない，という公共の場に向けて「書く」ということは，どういうことなのでしょう。この問題を考えるひとつの材料として，「Web 日記」というものについて考えてみましょう。

　インターネット上には，様々な個人が日々起こったことや考えたことを綴る，いわゆる「Web 日記」と呼ばれるものが多数あります。日記と言えば，公開されることを前提にして作家などが書くものもありますが，普通は他の人に最も読んで欲しくないものでしょう。ところが，「他の人」どころか，不特定多数の誰にでも読まれる場でわざわざ「日記」を書くというのは，非常に奇妙な現象のようにも思えます。

　Web 日記での読み手と書き手との関係には，いくつかのバリエーションがあるように見受けられます。読み手の範囲で考えると，一方の極にはインターネットを利用しているすべての人を対象にしているということがあり得ます。もう一方の極には，インターネットという公の場を使いながらも，特定の個人に読んでもらうことを想定している場合，さらには，「誰にも読んでもらわなくていい」という場合もあり得ます。この両極の間に，ある一定の範囲・集団を読み手として書かれている場合があります。

　インターネットというと，「誰にでも見てもらえる」もしくは「世界中の人に見てもらえる」と考えがちですが，実はそのように，「全ての人」を対象にして書かれている場合というのは，むしろ少数派かもしれません。「全ての人に向けて」というのは，逆に言うと「誰に向けてもいない」というのとほとんど等しいとも考えられます。その意味では，Web 日記でも（Web 日記に限

らずWebページ一般でもそうですが），非常に独白的なものが少なくありません。しかし，誰に読んでもらいたいとも思わずに書いている場合でも，やはり「インターネット」という場があることは意味があります。Web日記を書いている人の大部分は，Web日記を書くようになる以前に日記をつけていなかった人たちです。インターネットという場があってはじめて日記を書いているのです。

　ハイパーテキストについて議論した部分（第5章1）で，書き手と読み手が互いに参加する場としてのハイパーテキストという考え方を見てきました。Web日記における書き手と読み手の関係も，そのようにとらえることができる部分が少なくありません。例えば，Web日記へのリンクを集めたサイトがいくつもあります。そこでは，「書く人」と「読む人」がいて，「書く人」が発信した日記を「読む人」が受け取る，という形の共同性・コミュニケーション活動が行われているだけではありません。同じリンク・サイトに登録して，日々日記を書き綴っている，その日記のスタイルなどもある部分無意識のうちに共有している人も出てくる，というような，ある意味で横並びに集まっている「共同体」を形成していると考えられるのです。

　こう考えてくると，Webに書いたものを発信するというのは，評価者としての先生しか読まない状況で書くのとも違うし，ある特定の読み手に向けて書くのとも違う部分があると言えます。「公の」場で，しかもゆるやかな共同体の中に参加し，何らかの共同性を伴いながら書くことになるのです。

2-2　マルチメディアと「書く」ことの拡張

　「書く」ということは，通常は，「文字を書く」ことを指しま

す。もちろん，外国語学習・教育の中で「書く」といえば，もっぱら，文字を書く，文を書く，文章を書く，ということでしょう。しかし，現在のコンピュータやインターネットでは，文字以外の媒体も文字同様に容易に扱うことができます。そうなった時に，「書く」ことの意味を，文字で書くことだけでなく，それ以外の媒体も含めて表現することへと拡張して考え，そうした他媒体と統合された表現の一部としての言語表現のあり方を考えていくことも必要になってくるかもしれません[1]。

Computers and Composition という雑誌があります[2]。副題が "An International Journal for Teachers of Writing" となっています。この雑誌は，アメリカの大学で作文（written composition）を教えている先生たちが中心になって発刊したもので，コンピュータと書くこととの関わり，コンピュータを使った書くことの教育，などについての論文を集めた学術雑誌です。母語での作文に関する論文が大部分ですが，第二言語，外国語による作文を題材にした論文もしばしば掲載されています。

この雑誌で，2001年に2号に亘って[3]，"Digital rhetoric, digital literacy, computers and composition" というテーマの特集をしています。Webで情報を発信することが手軽にできるようになり，その役割が大きくなっている現在，そのようなデジタル情報テクノロジーを使った「レトリック」や「リテラシー」の中には，従来の「文字を書く」ことだけでなく，より広い「視覚的」リテラシー（visual literacy）の枠組みで「書く」ことを考えなければならないのではないか，という問題意識があります[4]。

文字だけの文章であっても，「見栄え」はこれまでもある程度注意を払われていました。しかしそれは，行間をシングルスペースにするかダブルスペースにするか，余白をどれくらいとるか，見出しは中央におくか左寄せするか，どのような場合にアンダー

ラインやイタリックを使うか,などといった程度の範囲にとどまっており,しかもこうしたことは流儀もしくはルールとして規定されているのが普通です。例えば論文の原稿を書く時であれば,論文の提出先・掲載先に応じて,書式が定まっているわけです。作文の授業のひとつの目的は,そうした「流儀」にしたがってきちっと文章を作成することができるようになる,ということでもあったのです。

ところが,パソコンのワープロで文章を書くことが普及してくると,はるかに多様なしかたで見栄えを変えることが容易にできるようになります。フォントの種類だけでも何種類(場合によっては何十種類)もの中から選ぶことができます。フォントの大きさにしても,細かく指定することができます。従来英文を書く(清書する)のに使われていたタイプライターでは,文字の種類や大きさは基本的に一種類だけでしたから,それと比較するとはるかに多くの選択肢があるわけです。他にも,文字の色,多様な文字飾り,などが簡単に使えます。そして重要なことに,それらの「見栄え」を,書き手が容易にコントロールすることができるのです。今までの道具では,そもそも選択の幅が狭すぎてコントロールするまでもない場合がほとんどでした。ですから,どのようなオプションがあって,どのように選択するか,といったことは,本や雑誌の装丁や編集をやっている人でもなければ,考える余地がそもそもなく,したがってそうした技術が「書く」ことの一部とは全く考えられなかったのも無理がありません。

さらに,Webページでは,静止画,動画,音声,といった文字以外の情報を容易に扱うことができます。単純に,ページの背景をどんな色にするか,ということだけでも,そのページの受け止められ方が全然違ってくることもあります。絵や写真をどこにどれくらい,どのように使うか,ということは大きな考慮事項に

なります。文字で表現するか，絵で表現するか，それとも音声で表現するか，という選択も，技術的には簡単なことですが，効果的なページを作るためにはどうしたらいいかというのは難しい決定事項でしょう。

　文字をもたず音声だけであった時の「ことば」と，文字という道具を持った時の「ことば」とは様々な違いがあります。単純に「話し言葉」と「書き言葉」という区別が一般にも広く認識されており，適宜使い分けていることを考えても，文字があるなしでの違いは明白です。そして，ことばを教え学ぶ時には，「話し言葉」と「書き言葉」の両方を（もちろん重なりも大きいですが）扱います。さらに，ことばで表現する時に文字とともに静止画・動画・音声などが並存し，どれも手軽に使いうる，という状況になった時に，新たな言葉の使い方・技能が必要になってくる，ということは十分に考えておく必要があるでしょう。

　上のことを言い換えると，「マルチメディア」による表現の一断面として，他のメディアとの関わり合いを十分に考慮して，「書く」ということを根本的に考え直すことが必要になっている，ということになります。ではこの「マルチメディア表現」の一部としての「書く」ことは，どこで教え学ぶのでしょうか。ひとつには，中学の技術科や，高校に平成15年度から新設される情報科が，その場として重要な役割を果たすことが期待されます。しかし，それは「マルチメディア表現」全体に関わるところが主であって，あくまで「書く」ことの部分は，言語に関する教科の中で扱うことが中心になるでしょう。そう考えると，国語や外国語といった教科の中での「書く」ことを，これまでよりも拡張して考え，マルチメディアを視野に入れた「表現」の一側面として「書く」活動を扱っていくことが必要になってくる，と言わざるを得ません。

そのようにして今までの外国語教育の中での「表現」を考え直してみると,「ある媒体を使って表現する」ということはあまり意識されていなかったのではないでしょうか。会話は,会話の中でよく使われる表現を練習するという意味で,ある程度「会話」(もしくは口頭)という媒体を切り出して扱っていたかもしれません。しかし,それ以外では,あくまで単語や文法などの「応用」として文章を作る,ということが専らの関心事で,どのような媒体を使ってどのようなモードだったら,どのような形で表現するのが効果的か,ということを外国語教育の中では(国語教育でもそうですが)考えてこなかったように思われます。しかし,ただでさえ限られた知識でなんとか効果的に表現する工夫をしなければならない外国語という領域では,表現媒体の特性に適した言語の使い方を心得ておくことは,かえって効果的な表現をする上で重要になってくるのではないでしょうか。特に,「ことば」以外の媒体をどのように利用し,それらとどのように関わらせながらことばを使うか,ということが,これからますます重要な技能になってくると考えられます。そうした枠組みの中で,「書く」ことをとらえ直していくことが求められているのです。

【注】

[1] 『広辞苑』によれば,「書く」という項目の説明に,まず「(筆などで)線をひく。また,絵や図をえがく。」と書かれてあります。その後に,「文字をしるす。」「文に作る。著作する。」と続きます。

[2] http://corax.cwrl.utexas.edu/cac/参照。1983年創刊。

[3] Volume 18 Number 1と Number 2の2号。

[4] Handa, C. (2001). Letters from the guest editor: digital rhetoric, digital literacy, computers, and composition. *Computers and composition*, 18, 1-10.

7 国際理解・異文化理解

1 外国語教育と異文化理解

　外国語教育は異文化理解と深い関わりがあります。外国語を学ぶこと，そのものがすでに異文化理解の第一歩です。外国語を学ぶことで，相対的にわが文化を見直すことができます。

　しかし，これまでの教室で行う語学教育では，異文化理解はなかなか深まりませんでした。それは与えられる教材は編集者の手を経たもので，異文化と直接触れ合っているという感覚，手応えを感じることができなかったからです。

　しかし，メールや Web を通して異文化は直接，私たちの目の前に姿を現します。これは人間がこれまでに経験してこなかったことです。本節ではメールや Web を使った異文化理解の実践を紹介しながら，語学教育への導入のあり方を考えてみたいと思います。

1-1 ことばと文化

　外国語を学ぶことは異文化との出会いであり，驚きです。中学校で英語を習って，brother と sister の意味にとまどいませんでしたか。"Mike is my brother." や "Kate is my sister." を日本語

に直そうとすると、はたと困ってしまいます。日本語で「兄，弟」「姉，妹」と呼び分けるところを英語では区別なく brother, sister と表します。この brother, sister に限らず日本語には「先輩」「後輩」のように長幼の区別をする表現がたくさんあります。

韓国語には人と別れるときに使う「さようなら」という意味の表現が2つあります。その場から去っていく相手には，〈すこやかにおでかけください〉の原義から「アンニョンヒカセヨ」，自分がその場から去る場合には〈すこやかになさっていてください〉の原義から「アンニョンヒケセヨ」と言い分けます。では，電話で話していて受話器を置く場合にはどちらを使えばいいのでしょうか（自分が立ち去ることになるので答えは「アンニョンヒケセヨ」）。

同じことは日本語を学ぶ外国の人も経験します。日本語を学ぶ外国人が苦労するのは敬語，そして男ことば，女ことばの使い分けです。敬語を使い分けるには自分と相手の立場について瞬時に判断をしなければなりません。

どの言語も文化を背負っていて，文化による世界の切り取り方，認識のしくみを内にひそめています。言語を学ぶことはそのまま文化に触れることでもあります。

1-2 異文化と出会う驚き

しかし，上に述べたことは教科書や辞書で外国語を学ぶことからも経験できることです。異文化に対するほんとうの驚きを感じるのは外国語を通して人とふれ合ったときです。それは衝撃にも似た驚きがあります。

兵庫県立尼崎南高等学校の納谷淑恵先生はパソコン通信の時代，日本語を学んでいるロシア人大学生と日本人高校生の間で日本語

によるメール交流を実践されました。ロシアから届いたメールの「あなたは何が好きですか」という問いに，生徒のひとりは「ぼくは貴ノ花が好きです」と返事をしました。するとすぐに返事が届き，そこには次のように書いてありました。「私も花は好きです。日本の貴い花は何ですか。バラですか。さくらですか」。日露辞典で「貴」という漢字の意味を調べて頭をひねったロシア人大学生の様子が目にうかびます。ロシアで相撲を知っている人は少ないでしょう。「貴ノ花」についてふれるには相撲のことを説明しなければいけなかったと，高校生も目を開かれる思いがしたに違いありません。

　木更津高等専門学校（千葉県）で英語を教えておられた淡路佳昌先生はアメリカの高校生とメール交流を実践されました。相手にメールを出すと，返事が返ってきました。ところが，その返事にはどれもこれも「あなたは男ですか，女ですか」という質問が書いてあります。「アメリカ人はなんでこんな質問をするのだろう」淡路先生も生徒も首をかしげました。すると生徒のひとりがはたと気がつきました。「ぼくたちはアメリカ人の名前を見て，男か女かわかる。でも，日本人の名前を見てアメリカ人は男か女かは見分けられない。メール交流の相手が男か女か知りたいのはもっともだ」。以後，はじめての相手に英語でメールを書くとき，生徒たちは自分が男性か女性か，書き添えるようになりました。

　静岡県の清水国際中学校では地元の伝説「羽衣物語」を英語に直し，各国共同で絵本を作る実践を行いました。英訳したストーリーをカナダ，フランス，フィンランドの交流校に送り，それぞれの場面を絵にして送ってもらいます。このようにして国際共同制作の絵本"Heavenly Dress"がWebに公開されました。日本人中学生が描いた絵に現れる天女や漁師が私たちのイメージどおりなのは当然ですが，カナダ，フランス，フィンランドの生徒が描

いた絵はだれもがびっくりするものでした。天女は白雪姫のようなドレスを着ていますし，漁師は西部劇のカウボーイのような服装です。中国を思わせるような描き方もあります。同じストーリーを読みながら，頭に描いたイメージはそれぞれ異なっていたわけです。

1-3 身近なことから

文化的な視点と組み合わせて英語学習に取り組んだ例に Y Village というものがあります。Y Village はブラジル南部のサンタ・カタリナ州の州都，フロリアノポリスを拠点に行われている実践です。

ここで行われた実践のひとつに"Eating Habits"というものがあります。これは11〜12歳の生徒が英語学習の一環として行ったもので，世界の人々の食生活の様子を調べることを通して英語を学ぶことを目的にしています。食事をテーマとしたのは英語教科書に出てきた話題が食べ物だったこと，またこれは生徒の関心の高いものだったからです。

世界の食生活の様子を調べる方法として生徒たちは Web にアンケートのページを作り，そこに直接書き込んでもらえるようにしました。次のようにブラジルの食事について簡単に紹介した後，アンケートに記入をしてもらいました。

We usually have bread and coffee for breakfast, rice, beans and steak for lunch and soup for dinner. We usually have three meals a day. We don't usually have dessert, just sometimes.

回答を募った質問は次のようなものです。

> Where do you live? (country) / What's your favorite food? / What's your favorite drink? / Do you like fast food? / What do you usually eat for breakfast? / What do you usually eat for lunch?

この質問には約50通の回答が寄せられました。半分はブラジルから，残りは海外からのものでした。回答を寄せたのは9歳から16歳までのほぼ同年代の子どもたちです。一番好きな食べ物はパスタ（45％），飲み物ではソーダとジュースで，どちらも51％でした。調査という面では難点はいくつもあるものの，結果は各国の食生活が見えてきて興味深いものです。ポーランドの11歳の子は，朝食は cereal, milk, cheese, ham, 昼食は sandwiches, 夕食は potatoes, meat, salads と答えていて，牧畜文化の食生活がよく表れています[1]。

この実践は各国の食生活を調べることを軸に行ったものですが，目的はもうひとつありました。教科書のこの単元では現在形の使い方を学ぶことが目的でした。"Do you like fast food?" や "What do you usually eat for breakfast?" といった表現は習慣を表す現在形の使い方としてふさわしい例です。生徒たちは教科書に現れた食事というテーマに触発され，各国の食生活を調べることを通して，現在形を意味のある場面で使う経験をしていたわけです。

Y Village の "Eating Habits" は各国の食生活を正面からとりあげた実践ですが，異文化への驚きは交流のなかから巧まずして生まれることが多いようです。大学の私のクラスとアメリカの大

学のクラスでメーリングリストによる交流をしていたことがありました。相手は宗教学を学んでいるクラスでしたので，話題はつとめて日米の宗教比較になるように私も水を向けました。日本の神道の話，キリスト教徒の割合などの話題を出してみましたが，話は発展しませんでした。

話がもりあがったのは宗教的な習俗に関連して迷信の例が出てきたときです。それまで発言しなかった人も参加して，「私の家では」「うちのおばあちゃんは」とさまざまな迷信が紹介されました。日米の迷信の違いもおもしろかったのですが，同じ日本でも家ごと，地方ごとにさまざまな迷信があることが驚きでした。

もうひとつ話題がもりあがったのは通勤，通学に対する考え方の違いです。私のクラスに山梨県の実家から大学のある神奈川県に通学している学生がいて，自分の日常生活を紹介するメッセージのなかで，片道3時間かけて通学していることに触れました。すると，すぐに，「なぜ，そんなむだなことをするのか。大学の近くにどうして住まないのか」という質問がアメリカからどっと寄せられました。片道3時間の通学というのはやや特殊な例ですが，首都圏では片道2時間というのは珍しくないでしょう。大学ではキャンパスの寮に住むことの多いアメリカ，アパートを借りるにも相当なお金のかかる日本の住宅事情という背景につながる話題でした。

文化的なことがらをテーマとする場合には，環境問題，国際親善といった抽象的な話題を正面からとりあげるのはあまりうまくいかないことが多いようです。出てくる話は通りいっぺんのことばかりで議論は進みません。

成功した事例に共通するのは日常的な身の回りのことがらから，思いがけなく大きなテーマに発展していったというものです。Y Villageの"Eating Habits"にしても，自分たちが何をどのよう

に食べているかという話題を持ち寄ったものです。しかし，それを比べてみることで思いがけない発見につながります。

> ### コラム6・
> ### Y Villageの実践例
>
> 　Y Villageにはこの他にも言語形式の練習を意味のある言語活動に組み入れている例がいくつもあります。質問に答えていくことで健康度をチェックできるページ，Health Quiz!には次のような質問が11問，現れます。
>
> 　How often do you practice sports?
> 　　a) I always practice sports.
> 　　b) I never practice sports.
> 　　c) I usually practice sports.
> 　　d) I sometimes practice sports.
>
> 画面上で選択肢をクリックしていき，次のページに進むと，どのような生活習慣が健康に望ましいのか，ひとつひとつの選択肢について次のような説明が現れます。
>
> 　　d) Oops! You have to practice sports more!
>
> それぞれの項目について得点が示され，それを合計すると自分の健康指数になるという設定です。
> 　これは頻度を表す副詞 always, usually, sometimes, rarely, never を習った後に行った活動です。このような質問の選択肢の表現には頻度の副詞は必ず現れます。頻度の副詞を扱った言語活動としてうまい考えです。
> 　http://fln-con.yazigi.com.br/enbmau98.htm

Y Village には"Our Pets, Our Friends"という，日本で言えば中学校1年生くらいの生徒が行った実践があります。これは世界で飼われているペットについて生徒が英語で質問を作り，調べたものです。What pet do you have? / What's its name?といったやさしい英語の質問を Web で公開し，メールで回答を募りました。その結果を見ると，ネコの名前には Ginger, Tereza, Kitty, Lucky, Pompom, Miau, Pussy, Cuddles, Tiger Sox, Mishy が見え，文化の多様性をかいまみる感じがします。ハムスターの名前には Skippy と並んで Pokemon があり，海外でポケモンが評判になっている様子がわかります。

1-4　Travel Buddy

　今，各国で静かに広まりつつある教育プロジェクトに Travel Buddy というものがあります。日本語で言えば「旅人くん」と

図5　日本の学校で給食の席に着いた
オーストラリアからの Travel Buddy

いった感じでしょうか。発祥はオーストラリアで，国際交流がその目的です。学校と学校，クラスとクラスの交流のきずなとして人形を交換します。この人形の役目は生徒の代わりに相手校を訪問することです。いわば，学校やクラスを代表して相手校を訪問する「交換留学生」です。元来，外国語教育とは独立に始まったものですが，文化的な話題を中心に意味のある言語活動を行うことができることから，英語教育にたずさわる方の間で注目されています[2]。

Travel Buddyでは一般にぬいぐるみが使われます。Travel Buddyは航空便で送られますので，軽くてこわれにくいというのがその理由でしょう。また，私たちの代わりに相手校を訪問してくれるものですから，ぬいぐるみのように抱きしめられるようなものの方が感情移入しやすいのだろうと思います。ぬいぐるみはさまざまです。人をかたどったぬいぐるみもあれば，クマなどの動物のぬいぐるみも使います。オーストラリアだとコアラといったように，その土地を表すキャラクターを使うことが多いようです。

Travel Buddyを実践するにはまず相手校を探します。交流校はIECC（http://www.iecc.org/）などの交流校紹介サービスを使って相手校を探すのが一般的です。注2に紹介したoz-TeacherNet ProjectsではTravel Buddyの相手校を探すメーリングリストが用意されています。

相手校が決まったら，Travel Buddyを決め，名前をつけます。バックパックに持ち物一式を入れて航空便で送り出します。

Travel Buddyが到着したら，受け入れ側では一定期間「滞在」させ，生徒といっしょに「生活」させます。その間，ホスト役の生徒たちはTravel Buddyの生活を日誌に記録していきます。写真を貼ったり，生徒の作文を綴じ込んだりします。滞在期間が

終わると，写真や生徒手帳，生徒の作文など Travel Buddy の現地での生活を知るてがかりとなるものをバックパックに入れて相手校に送り返します。あるいは別の学校を訪問していくこともあります。

この実践はメールを使わなくてもできるものですが，実際にはメールや Web で Travel Buddy の近況を知らせあいながら進めることが多いようです。Travel Buddy を送り出した側は近況を早く知りたいものです。Web は写真を掲載できるので便利です。

コラム7・Travel Buddy の持ち物

パスポートと紹介状 外国にでかけるのでパスポートは必需品。もちろん，これは生徒の手作りで，写真を貼ってパスポートらしく仕上げます。パスポートは実用的な意味もあります。Travel Buddy は相手校からさらに別の学校に送られることもあり，途中で行方不明になる可能性もあります（インターネットには時折，Travel Buddy の捜索願が現れます）。このような場合，出身や住所などを書いた「パスポート」があれば安心です。紹介状は「たまちゃんを紹介します。たまちゃんは1986年，日本の京都で生まれました。柔道が大好きです」といった書状です。紹介状はなくてもかまいませんが，くわしい紹介状があると交流のてがかりになります

ノート Travel Buddy の日記です。ホスト・ファミリー役となる人が Travel Buddy が経験したできごとを記録します。

写真，絵はがきなど 出身地のことがわかる写真や，生徒たちの作文，絵など，交流のきっかけになるもの。

バックパック 上のような Travel Buddy の持ち物一式を入れておきます。Travel Buddy はこのバックパックを背負って旅行しているという想定です。

Travel Buddyに限らず，文化を視野に入れた交流は私たちの日常の生活を軸に展開しているのが特徴です。そこから思いがけない発見，驚きを体験します。このような驚きは従来の教科書のようなメディアでもある程度，体験できるものです。しかし，それは間接的な体験です。これに対し，メールでやりとりしたメッセージやTravel Buddyがきずなとなって交換した作文や写真はリアルな，直接的な体験です。これもインターネットが開いた新しい外国語教育の舞台のひとつです。

【注】

[1] http://fln-con.yazigi.com.br/eatinghabits.htm
[2] Travel Buddyの実践はWebページで報告されているものが数多くあります。検索サービスで"travel buddy"というフレーズで検索してみてください。たとえば，oz-TeacherNet Projectsの一部として行われているオーストラリアのプロジェクトでは，その考え方，手順についてくわしい解説を読むことができます。

　http://rite.ed.qut.edu.au/oz-teachernet/projects/travelbuddies/

　また，次のページには小学生を対象としたプロジェクトの手順が公開してあります。

　http://www.tier.net/schools/tc/travel.htm

2 インターネットと国際理解

インターネットによって,国際的なコミュニケーションが飛躍的に容易なものとなっていることは,言うまでもありません。異なる国・文化の人々とメールのやりとりをしたり,Web上で異なる国・文化の情報を得たりすることは,簡単にできます。そのため,インターネットは国際理解教育の便利な道具になるだろうと期待されています。しかし,インターネットで情報を得たり,インターネットでメールのやりとりをしたりすれば,「国際理解」が容易に得られるのでしょうか。ひとつには,インターネットでのコミュニケーションや情報収集が,国際理解教育を実現するために十分なものなのか,という問題があります。インターネットが国際コミュニケーションの便利な道具だという,まさにそのために,逆に国際理解教育が妨げられているということもあるかもしれません。そのような問題(になる可能性があること)もよく考えた上で,国際理解教育の実践方法をよく考えていかなければならないと思います。

2-1 インターネット上のコミュニケーションで国際理解ができるか

第3章1で触れた,日本の短大生がアメリカ人と電子メールのやりとりをしながら進めた学習プロジェクトの中で,文化による概念の違いに日本の学生が気づくような場面が何度か見られました。例えば,その当時(1980年代半ば過ぎ)は,男女雇用機会均等法が施行され,就職に対する女子学生の意識が高まっていました。そこで,あるグループの学生は,「女性の職業意識」について日米の比較を試みました。日米の女子大学生にアンケートをする中で,彼女らにとっては当然の問題意識である,「いつまで仕事

をするつもりですか？」という質問をしたのですが，予想した回答は，「結婚するまで」とか「子どもができるまで」といったものでした。しかし，アメリカ人からの回答の中に，「その仕事をしたいと思っている限り」というものがありました。これは，日本人の学生たちが頭に描いていた人生観・職業観とは全く違うものに基づいており，その回答を見て彼女らは一様に驚いていました。結婚して生きていく女性としての生き方を知らず知らずのうちに強く意識しながら，それを背景にして仕事のことを考えていた彼女たちには，全く想像もできなかった回答だったわけです。これをきっかけに，彼女たちはアンケートの質問項目をもう一度根本的に見直して，職業意識について根本的に考え直すということをしました。

このように，自分たちが暗黙のうちにもっている前提をもとにしてアンケートの質問や選択肢を作成し，それを実施したところアメリカ人から意外な回答や「質問がピンとこない」といった返事などをもらうことによって，日米の間にある根本的な考え方の違いに気づく，といったことがしばしば見られました。こうした事例を見ると，インターネットによって海外・異文化の人々とコミュニケーションをとることは，国際理解に大きく貢献すると考えられるかもしれません。

では，インターネットで海外・異文化の人々とメールのやりとりをしたり，海外・異文化から発信された情報を読んだりすれば，国際理解が深まるのでしょうか？　単純にそうは言えないように思います。

2-2　インターネット上の情報と読み手の役割

Web上で異文化発の情報を閲覧する場合を考えてみましょう。

例えば、アメリカ発の情報を日本人が読んでいる、という場合です。この時、この日本人は、本当に「アメリカ」について理解していると言えるのでしょうか？もちろんそういう場合もあるでしょう。でも、そうでない場合も多い可能性があります。その大きな原因のひとつは、Web上にある情報とその読み方の性質に求められます。

Web上の情報は、従来のメディアの情報のあり方と大きく異なるところがあります。ひとつには、書き手の置かれている（いた）文脈から切り離されて個々の情報が存在しやすいということがあります。自分が知りたい事柄に関するキーワードで検索をしてヒットしたWebページを読んでいるとしましょう。この時、著者は誰か、その人がどのような意図でこのページを書いたのか、どのような背景をもってこのページを書いたのか、などといった文脈は、たまたま目に入ることもあるでしょうし、そのようなことを知ろうとして意識的に情報を探す人もあるでしょうが、たいていの場合は見過ごしたり気に留めなかったりするでしょう。本にたとえれば、ひとつの節やひとつのページだけ切り離されたものを手に入れて読む、というのに相当することが、Web上ではよくあります。本の表紙に書かれているはずの著者名もタイトルも見ないし、目次も前書きも後書きも見ない、ということになります。

さらには、単に本のある部分が単独で存在するというだけでなく、もとの本とは別の本の間に挟まれてきてしまうこともあります。つまり、リンクをたどりながら様々な情報を閲覧している時など、あるページからリンクされた全く別の著者のページに行ったような場合です。このとき、リンク元のページに行き先のページの背景情報が書いてあったり、行き先が「表紙」や「前書き」のページであったりすればいいのですが、また読み手がURLを注

意深く見ていて違うサイトに行ったことを自覚していればいいのですが，そうでなければ，違った背景を持って作られたサイトの情報に飛んでいるのに，もとの場所のままだと思い込んでいることもあり得ます。

　そう考えていくと，もともと異文化から発信されたインターネット上の情報であっても，それを受け取る側，読む側が，発信された文化の文脈で受け取り理解するとは限らないということが言えます。文章を読んで理解する過程では，読み手の知識や枠組みが大きな働きをしていることは言うまでもありませんが，インターネット上ではそのような読み手の役割がより大きくなる場合が少なくないのです。それと併せて，リンクのされ方による読まれ方の違いによって，情報の文脈の問題を深く理解しておく必要があります。インターネットを通して，外国・異文化から発信された情報に「直接」触れることができる，外国・異文化の人と直接交流することができる，といっても，実際には自分が元からもっている枠組みを出ることなく，その枠内で「情報」を得るだけとなってしまう危険性も大いにあるのです。

　また，インターネットに情報が載せられるしかたも，それぞれの文化の様式を十分に表現しているとは限らない場合が少なくありません。どんなテクノロジーも，文化的に中立なものではありません。コンピュータやインターネットというテクノロジーが強化し促進するような表現形態や価値観によって，文化が歪められたり，偏った形でしか表現されなかったりする場合もあり得ます。インターネットによって外国や異文化の情報を見ることができるこのように，真の異文化理解・国際理解・国際交流を行うためには，十分な注意が必要です。インターネットでの情報流通の様式をよく理解し，またインターネットの向こう側にいる人や文化に触れるというのはどういうことなのかということをしっかり考え

ながら，国際理解・交流をすすめていかなければならないでしょう。

2-3 「つながる」感じ

インターネットも使いながら，インターネット上だけの情報による「国際理解」とは大きく異なる実践を積み重ねてきている先生方も少なくありません。例えば，神奈川県の島崎勇さんという小学校教諭は，十年ほど前から様々な形で情報通信メディアを使って国際交流学習をすすめてきました[1]。彼は最初，電子メールを使って日本の小学生とイギリスの小学生との交流を始めました。もちろん日本の小学生は英語で読み書きできません。そこで，高校生や教員などのボランティアに，日本の小学生のメールを英語に，イギリスの小学生のメールを日本語に，翻訳してもらうことにしました。間に翻訳を介することによって，「情報」は伝わります。しかし，この試みは，教師も児童も満足させられるものにはなりませんでした。島崎先生のことばによると，「（相手と）つながっている感じがしなかった」ということです。相手に届かない，相手に触れられない，という感覚があるため，メールのやりとりも表面的なものになり，話が続かない，おもしろくない，したがって「交流」も「理解」も深まらない，ということになってしまったわけです。

そこでこの島崎先生が次に試みたのが，ファクシミリです。ファクシミリなら，文字による言語情報に頼らなくても，絵のやりとりができます。したがって，「通訳」を間に挟まなくても，子ども同士が直接自分の描いたものを交換することができます。相手が手で描いたものに，直接触れることができるわけです。ある時，日本の子どもが絵の中に説明的に日本語の文字を記入して送

りました。もちろん，相手が日本語を読んで理解してくれると期待していたわけではありません。そうしたところ，相手からの返信の中で，イギリス人の子どもがその漢字を一生懸命書き写し，「これはなぁに？」と聞いてきました。このやりとりで，子どもは確実に相手とやりとりしている，という実感を得ました。それをきっかけに，少しずつ文字も入れながら，コミュニケーションを深め，交流を深めていきました。

東京都内のある小学校では，パソコン上で絵を描くソフトを使って，フランスの小学校の子どもと交流をしました。その「お絵かきソフト」[2]は，その小学校の教諭であった苅宿俊文さん[3]が中心になって作ったもので，絵を描いていくプロセスを1ストロークずつ，動画としてパソコンに保存してくれるという仕掛けがあります。そして，後でそのプロセスを再生して見ることができるのです。子どもは，自分が絵を描くプロセスを再生しながら，描いている最中に何を考え，どんなことを感じていたのかを，友達や先生に語って聞かせることができます（子どもたちは非常に好んでやります）。フランスの学校との交流は，このソフトで描いた絵と，それを描いたプロセス，さらにその中で感じたことをお互いにやりとりする，という形で行われました。描くプロセスで感じたことは，文章で表現するわけですが，日本語とフランス語との間の翻訳は，大人が間に入って行いました。しかし，ここでは翻訳された言語だけのコミュニケーションではなく，絵を描くプロセスを見せ合うということが中心にあり，そのときの感情や考えをお互いに感じ取るということが行われていました。したがって，前述の小学校で行われた初期の実践で経験されていたような，翻訳が間に挟まれることによる「つながり」の薄さは，ここでは見られませんでした。翻訳された言語によって補強されながら，絵を描く過程での感情を感じ合うという形での相互理解・

相互交流が、インターネットを介して行われた、と言えます。

　ここまで述べてきた2つの実践は、国際交流・国際理解と情報メディアとの関係について大事なことを考えさせてくれます。相手のことが理解できる、相手とお互いを感じ合える、ということを大切にする、そのための道具としてコンピュータやファクシミリやインターネットを活用する、ということは、外国発の情報を単に読むことや、英語を使って外国人と表面的なメールのやりとりをすることとは、全く次元の異なることなのではないでしょうか。こうした交流のあり方と、インターネットを通じた情報交換との違いや関係をよく考えておく必要があります。

【注】

[1] 杉本卓（1998）「インターネットと国際交流教育」。佐伯胖他編『講座　現代の教育8　情報とメディア』（岩波書店）

[2] 「脳の鏡」という名前のソフトで、三谷商事から販売されています。体験版は、インターネットからダウンロードすることができます。
http://www.mitani-corp.co.jp/is/jkikaku/index.htm

[3] 苅宿さんは、現在は大学教員をしていらっしゃいます。

8 共同学習

1 外国語教育と共同学習

　Webを利用した作品公開の意義のひとつは，過去の作品を蓄積していくことができることです。生徒が新しく作品を公開する場合でも，過去の作品を見ながら自分の作品の構想を考えることができます。また，クラスの全員で作品を作る場合でも，途中経過をたがいに読み合うことも可能です。

　これまでの学校での学習といえば，みんなが一同に教室に集まっていても，そこで行われる作業は個人的な，孤立したものでした。隣で作文を書いていながら，「隣の人のものを見てはいけません。自分の力で書きましょう」といった注意を受けたものです。

　しかし，インターネット上でWeb作品を作るような場合，これまでの作品を見たり，クラスメートの作品を見ながら自分の作品を制作したりします。これまでとは逆に，他の人と作品を見せ合いながら作業することが広く行われます。インターネットを使った学習活動では，このように学習形態そのものが大きく変わる可能性があります。本節ではWebを中心に，語学教育で行われている共同学習の例を紹介しながら，その意義を考えてみたいと思います。

1-1 プロジェクトを基盤とした学習

インターネット上で行われる外国語教育は,これまで教室で行われてきた授業のイメージと比べると,その発想が大きく異なっています。インターネット上で行う外国語教育では伝統的な「シラバス」という考え方がなじみません。

シラバスとは学習の目標,教授法,学習すべき内容などについて,学期といったある程度の期間を想定した授業の設計図です。一般にどのような教科でも授業プランを作る場合,学ぶべき全体をまずシラバスに展開します。外国語教育でよく使われるのは,文法シラバス,場面シラバス,機能シラバスです。文法シラバスでは文型,数,時制などといった基準で,場面シラバスでは「お店で」「レストランで」「道をたずねる」といった場面ごとに,機能シラバスでは「お願いをする」「感謝の気持ちを伝える」「謝る」といった言語行動の機能ごとに学習内容を展開します。中学校,高校の英語教科書はおおむね上の3つのシラバスを合わせて作られています。このような学習法ではそれぞれの段階で学ぶべきことがきちんと予定されており,通して授業を受けると全体をひととおり学ぶことができるように考えられています。

しかし,インターネットを使った外国語の授業ではこのようなしくみはなじみません。メールによる交流を計画した場合を考えてみましょう。6週間のプロジェクトを計画し,そのシラバスを作ろうとして,1週目は「自己紹介の表現」,2週目は「相手にたずねる表現」,3週目は「感謝の気持ちを伝える表現」を学ぶといった計画を立てることができるでしょうか。

メールの交流ではあらかじめ話題を決めておいても,どのような話の展開になるかわかりません。むしろ,メールひとつひとつについて話題をつなげていくことが大切です。メール交流では,

あらかじめ学習すべき内容を予定表のように書き出していく従来型のシラバスはなじまないのです。共同で英語のWebページを制作するという課題を立てた場合には，いつまでに取材，文章化，レイアウト，校正を行うかというような，工程表のようなシラバスになることでしょう。

メール交流に典型的にみられるインターネットを利用した外国語学習の特徴はプロジェクト型であるということです。たがいに共通のタスクを設定し，それに共同で取り組む活動です。それぞれ，バス料金，牛乳，ハンバーガーなどの値段を調べ，生活の違いを話題に英語で交流するというのはその例です。プロジェクト型の学習ではタスクに取り組むなかで，値段の表現，相手に質問する表現，数量の表現などを使うことを通してことばを学びます。

1-2 共同学習への発展

プロジェクト型の学習は必然的に共同学習につながります。英語で学校案内を作ってWebに発表しようというプロジェクトはひとりではむずかしいでしょう。スポーツの部活動を紹介する内容を書くのはスポーツ部に所属している人が適任ですし，Webページのレイアウトは美術が得意な人の力が必要です。メール交流のようなプロジェクトは相手とのやりとりで展開するわけですから，その始まりから共同学習を運命づけられているようなものです。

プロジェクト型の実践の例としてカリフォルニア州のコミュニティーカレッジ，ランチョ・サンチャゴ大学のスーザン・ゲアー（Susan Gaer）さんが取り組んでおられるA Virtual School Visitという実践を見てみましょう[1]。これはWeb上でたがいに学校訪問を行おうというものです。

図6　ロシアの学校が作った Virtual School のページ
（英語とロシア語で書かれています）

交流校が決まると，たがいにメールで自己紹介をします。その後，次のように相手に聞いてみたい質問リストを作って送ります。

What things do you have in your classroom?
Do you have animals in your class?
How many kids are in your room?

相手からもメールで質問が届きますので返事を送ります。相手からの質問にそって，自分の学校の紹介ページを文章に書き上げます。同時に写真を撮り，Webに公開します。その際，学校を訪問してきた人を案内するように，Webページを構成します。つまり，案内の順路を考え，順路を歩くとき目にする順番に文章と写真で紹介していくわけです。

　ページが完成するとたがいに相手校のページを読みあいます。そこでさらに知りたいことを質問にしてメールで送ります。質問を受け取ったら，それにさらに答える形でページを作ります。

1-3　Webの役割

　Webは第5章2-2で紹介したように世界各地の研究者が研究情報を平等に共有できることをめざして開発されたものです。Webを使えば，資力のない人でも研究情報を公開できます。ハイパーテキストによるリンクを張ることで地理的に離れている人々の研究成果をひとつにとりまとめることもできます。

　インターネット上で行われている外国語教育の共同学習の実践はメールとWebを主なメディアとしています。なかでもWebはその中心的な役割を果たしています。それはWebが開発された経緯を考えると納得できるものです。共同学習がメールからWebに発展した例としてアメリカを中心に行われた2つの実践を見てみましょう。

　1994年，ニューヨーク大学のアンドリュー・ヘス（Andrew Hess）さんによって始められたものに"The Cities Project"という実践があります。異なった学校のESL（第二言語としての英語）のクラスが共同して都市のガイドを制作しようというのが目的で，この方面における先駆的な実践です。ヘスさんのよびかけ

でバージニア大学（リッチモンド），ジョージ・ワシントン大学（ワシントンDC）が参加しました[2]。

都市ガイドは歴史ゆかりの場所，美術館・博物館，記念碑，レストランの4部門の構成で作られました。各クラスはこの部門ごとに4つのグループに分かれ，他の大学の同じグループの人たちとメールで連絡をとりあうことから作業を始めました。何をとりあげるか，提示方法はどのようにするかを相談しあった後，グループでその場所にでかけ，解説を書きました。

できあがった草稿は他の大学にメールで送りあい，たがいにコメントしあって最終稿に仕上げます。教員は最終稿をメールで受け取り，それを相手校の教員に送ります。教員は3つの都市ガイドの最終稿を印刷，製本して学生に配りました。この試みは大いに成功し，学生たちはメールで作業をしあった他の大学の学生たちと会いたいという思いが強く，学期の終わりには学校訪問に発展しました。このプロジェクトは翌年，ニューヨーク，ワシントンDC，パリ，トロンヘイム（ノルウェー），香港の5都市を結ぶ国際プロジェクトとなりました。

"The Cities Project"から生まれたのが"WOW! Washington On the Web"という実践です[3]。"The Cities Project"で5都市を結んで行われた実践では改善が必要な点がありました。ひとつは参加校が5校となったため，学生が受信するメールの量が増えすぎたこと，もうひとつは意義のある都市ガイドを作ってもメールだけでは読者が限定されてしまうことです。

この反省をふまえてジョージ・ワシントン大学のクリスティン・メローニ（Christine Meloni）さんは1998年，Webを中心とした実践を試みました。ワシントンDCは文化的な都市機能が充実しているにもかかわらず，外国人学生はなかなかキャンパスから外に出ていくことがないのだそうです。そこで，自分の住ん

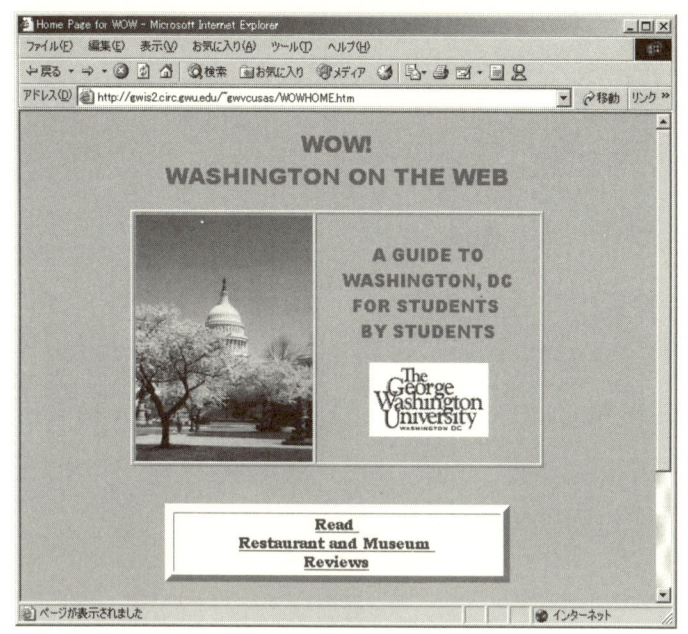

図7　WOW! Washington On the Web

でいる町を見直すことを目標のひとつに、どのような都市ガイドを作るかクラスで話し合いました。

このとき、メローニさんが学生に見せたのが、日本で先んじて行われていた京都産業大学のトマス・ロブ（Thomas Robb）さんによる"Kyoto Restaurant Project"です[4]。これは日本の学生が作った詳細な京都のレストランガイドです。1994年にロブさんが担当された授業のなかでこの構想が生まれ、当初はMacitoshのHyperCardというソフトを使った制作を予定しておられました。しかし、Webが普及していくなかで、Webでの公開に切り替えられたものです。

これを見た学生たちは大いに意欲をかき立てられました。その

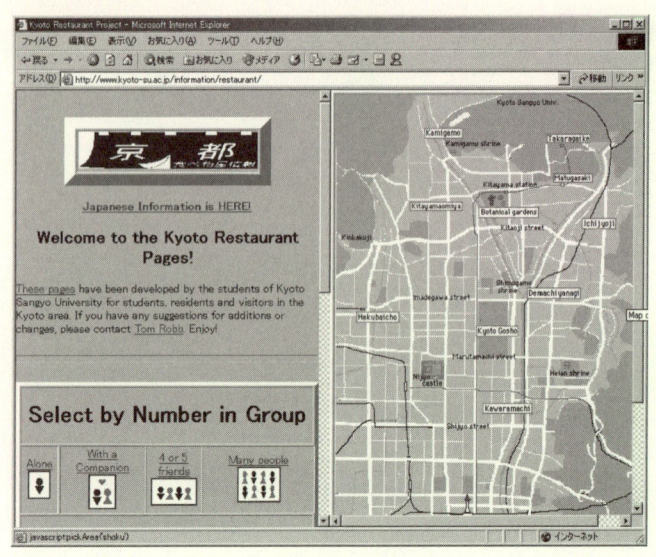

図8　Kyoto Restaurant Project

結果，ワシントンDCのレストランと美術館・博物館のガイドを作るグループに分かれ，何をどのようにとりあげるか話しあい，レストランには実際に出向いて調べました。できあがったページは店の場所，道順，開店・閉店時間のほか，おすすめの料理，料理のレビューが掲載されたくわしいガイドになりました。

1-4　身の回りの課題から

　上に紹介したようなプロジェクト型の共同学習に共通するのは抽象的なテーマではなく，身の回りのことがらが出発点になっている点です。このような特徴がよくあらわれているのが，デビド・ローゼン（David Rosen）さんによる"Virtual Visits"という実践です。ローゼンさんはマサチューセッツ州ケンブリッジの

Adult Literacy Resource Institute という成人教育センターの所長です。ローゼンさんの実践が生活に結びついたものであるのは成人教育という主旨によるところが大きいようです

　"Virtual Visits"の主旨は私たちが切実に考える身の回りのことがらについて理解を深め，その成果を英語で発表することです。このため，現地に出向いて調べたり，インタビューをしたりして文章，写真，録音などで報告をまとめ，Web上に公開します。このような題材としてローゼンさんがあげているのは，職場，製品，求職，自治体や会社などが提供している事業などです。

　まず，訪問する場所を決めます。これは参加者がいちばん知りたいと思うことがらを話し合って決めます。次に訪問して相手にたずねる質問をまとめます。これは単なる場所の案内ではありませんから，どのような目的で訪問するのか，きちんと理解しあっておくことが大切です。インタビュー，撮影を許してくれる訪問先を探し，インタビューをする係，写真係，録音係といったように仕事を分担して，現地に出向いて取材をします。最後に報告を書き上げ，みんなで推敲しあい，Webページに掲載します。

　"Virtual Visits"で行われた実践のひとつ，"Homebuying for Everyone"を見てみましょう。家を購入するのはアメリカでも人生の一大事です。とりわけ成人学級に通うような，これまで満足に教育を受けることができなかった人や移民のような人たちには一大決心が必要です。

　このプロジェクトは成人学級の英語授業のなかで行われました。参加者は初めて家を購入する計画を立てている人になって，ローンの組み方，手続きなどについて，専門家にインタビューを行い，その結果をWeb上に発表しました。授業はまずいろいろな疑問を出し合うことから始まりました。「ローンを組むためには信用はどれくらいさかのぼって調べられるのか」「信用に傷がある場

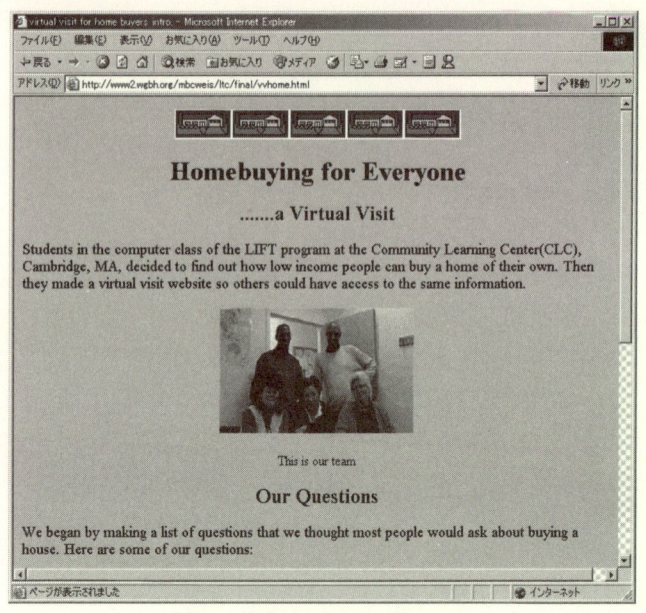

図9　Homebuying for Everyone

合,回復する手だてはあるのか」「抵当を設定するにはどうするのか」これらの質問をまとめた後,まず,インターネットを使って調べてみました。その結果,銀行に直接聞いてみるのがいいらしいこと,また,市には初めて家を購入する人を支援するプログラムがあることがわかりました。

そこでチームのみんなは銀行にでかけ,訳を話してインタビューをお願いしました。次に市の担当の部署に電話をして,インタビューの予約をしました。インタビューの結果,市では初めて家を購入する人のために講習会を開いていることがわかり,生徒たちは講習会にも参加をしました。

この経過はすべて写真と文章で報告されました。報告は家を購入する人が参考にすべきWebページのURLと必要な電話番号

などの情報とともに，Almost anyone can buy a house!ということばで締めくくっています。家を持ちたいという切実な願いをもとに，英語を使う実践を経験し，Webページにまとめた成果が，同じように家を持ちたいと願う他の人々へのてびきとなっています[5]。

【注】

[1] ゲアーさんの実践は Email Projects Home Page を起点にたどることができます。
  http://www.otan.dni.us/webfarm/emailproject/email.htm
[2] http://www.nyu.edu/pages/hess/cities.html
[3] http://gwis2.circ.gwu.edu/~gwvcusas/WOWHOME.htm
[4] http://www.kyoto-su.ac.jp/information/restaurant/
[5] http://www2.wgbh.org/mbcweis/ltc/final/vvhome.html
  Virtual Visits の記録は次で見ることができます。
  http://www2.wgbh.org/mbcweis/ltc/alri/vv.html

2 コンピュータを利用した共同学習の枠組み

　コンピュータの教育利用は，すでに40年近くの歴史があります。最初にコンピュータを教育に利用しようとする試みは，1960年代に始まっています。この間に，いくつか異なったコンピュータの教育利用のしかたが出てきました。それぞれの背後には，異なった教育・学習理論があります。本節の前半では，代表的な4種類のタイプについて簡単に整理したいと思います。その上で，現在盛んに試みられているネットワークを使った教育・学習活動の枠組みとして有望だと考えられる，コンピュータを利用した共同学習について考えていきたいと思います。

2-1 コンピュータの使い方の異なるタイプ

　コンピュータを教育に利用しようとする試みの中で，最も古くから開発されてきたのが，いわゆる CAI システムと呼ばれるものです。CAI というのは Computer Assisted Instruction の略で，直訳すれば「コンピュータに支援された教授」ということになるでしょう。この名前だけ見ると，コンピュータを使った教育はすべて CAI のように思えますし，実際そのような広い意味で CAI という言葉が使われることもなくはないですが，通常 CAI というと，ある特定の種類のコンピュータの使われ方を指します。それは，簡単に言えば，コンピュータが教師役になって学習者に問題を出し，学習者がその答えを入力し，コンピュータが正誤をチェックする，というシステムです。正答すれば誉めてさらに先の問題に進み，誤答であれば励まして正解できるようにヒントを与えたり，もっとやさしい問題に立ち戻ってやり直させたりする，などといった形で，学習者の解答に応じて次に何が提示されるかが違ってきます。

　CAI システムの背後には，行動主義心理学の学習理論，特にプログラム学習の原理があります。達成すべき課題を細かい単純なステップに分け，その一つひとつをマスターし，しだいに複雑なことができるようにしていくのですが，個々の下位ステップの学習は，学習者の行動に対して適切な働きかけを行うことによってなされます。現在市販されている「学習ソフト」や，インターネット上の学習教材ページなども，その多くは原理的にはこの CAI タイプのもののように見受けられます。

　行動主義心理学から認知心理学へと大きなパラダイム・シフトが起こり，学習に関する研究の中で学習者内での知識表象の変化について精緻なモデル化が研究されるようになったのを受けて，

> **コラム8・**
> **行動主義心理学の学習理論,プログラム学習の原理**
>
> 　行動主義心理学は,心理学を科学的研究にしようと20世紀初頭から盛んになってきました。頭の中の知識や思考などは「目に見えない」観察不能なものなので研究対象とせず,「刺激―反応」の連合という形で人間の行動を説明しようとしました。その枠組みでは,ある「刺激」を与えた時に適切な「反応」を生成するようになること（「連合形成」と言います）を「学習」ととらえるわけです。
>
> 　行動主義心理学に基づく学習の原理で最も有名なのが「プログラム学習」の考え方です。学習すべきことを細かいステップに分け,その各ステップを「条件づけ」によって学習していく,というものです。条件づけの際には,提示した刺激に対する反応に適切なフィードバックを即座に与えることが重視されます。

新たな教育用コンピュータ・システムの形が出てきました。それは,知的CAI（ICAI: Intelligent CAI）と呼ばれるものです。そこでは,学習者の行動（入力した解答）だけで次に提示する情報を決めるのではなく,学習者が入力したものから学習者が現在どのような知識の状態にあるのかをコンピュータが判断して,それをもとに次に提示すること,学習者にやらせること,などを決めていきます。

　CAIにしてもICAIにしても,コンピュータは教師の代わりをするものとしてとらえることができます。CAIのIはinstruction,つまり「教える」ことですから,教える（または教える補助をする）道具としてコンピュータが使われているわけです。

　これに対して,学習者が考え学ぶのを助ける道具としてコンピュータを使う,という考え方が1970年代の後半から唱えられ始

め，1980年代に入ると盛んに議論され試みられるようになりました。例えば，LOGOというプログラミング言語を使って，学習者自身が観察したことや理解したことをパソコン上で「シミュレーション」することによって，学習者が仮説を立て，それに基づいてパソコン上でモデル化したものを吟味し，観察データと照らし合わせ，モデルを修正していく，などといった学習活動が行われました[1]。パソコン上の「マイクロ・ワールド」[2]の中で，自らの理解を可視化し動かすことによって，学習者自身が知識を能動的に生成していくわけです。また，Geometric Supposer という幾何学の学習用ソフトでは，画面上に描いた図形を変形してその性質を調べることによって，従来紙の上で「固定」した形でしか図形を描くことができなかったという制約を乗り越え，幾何学的な概念や定理についての理解を学習者自身が作り上げることを可能にしています。

こうしたコンピュータの使い方では，力点が「教える」側から「学ぶ」側へとシフトしていることは明白でしょう。教える道具ではなく，学習者が自ら考え，理解し，学ぶのを手助けする道具となっているのです。コンピュータ自体は決して正解を教えてくれたり，学習者の考えた答えの正誤を判断してくれたり，成績を管理してくれたりするわけではありません。

さらに，それよりやや遅れて，コンピュータ通信の教育利用が試みられ始めました。コンピュータ・ネットワークを使った電子メールのやりとりや電子掲示板上での情報・意見交換を通して，学習活動を進めていくという使い方です。電子メールでの文通や，そこでの情報交換をもとに共同で「新聞」を作ったりすることを通して，文章の書き方を学習したり，離れた複数の地域でのデータを共有することによって問題解決に利用したり，他文化の人々と直に情報・意見交換をすることによって他文化やさらには自文

化の理解を深めたり，など多様な実践が進められてきています。

このように「通信」の道具としてコンピュータを使った学習をする中では，上で述べたそれ以前のコンピュータ利用学習とは大きく異なることがひとつあります。それは，これ以前は基本的に学習を「個人的な」活動としてとらえており，学習者一人ひとりに教えたり，学習者一人ひとりが学んだりすることを助ける道具としてコンピュータが使われてきたのです。CAIの目的のひとつは，個々の学習者に合った教育を実現することでした。そこでは，学習者間での社会的相互作用は，視野に入っていませんでした[3]。それに対して，ネットワークを学習の道具として使う中では，学習者同士のコミュニケーションが中核的な役割を果たします。

1990年代半ばに提唱された概念として，Computer Supported Collaborative Learning (CSCL) というものがあります[4]。コンピュータを協同的な学習活動を支援するための道具として用いる，という考え方です。このことばは，学習の「共同性」という社会的性質を重視していることと，「教える」道具ではなく「学習を支援する」道具としてコンピュータをとらえていることが，明確な形として表現されています。

2-2 共同学習を支援するコンピュータ

コンピュータ・ネットワークを教育に利用する，コミュニケーション活動を中心にした学習を行う，と一口に言っても，様々な形があり得ます。例えば，CAIシステムでも，パソコンが今ほど高機能ではなくパソコン単体で高度なCAIシステムを作動させることができなかった頃には，大型計算機（ホストコンピュータ）の上でシステムが作動していて，個々の学習者は「ネット

ワーク」でつながれた端末で入出力していました。それも一種の「コンピュータ・ネットワーク」の教育利用でした。実際,現在発売されているネットワーク利用の学習システムでも,基本的な枠組みはこれとそう変わらないものも少なくありません。つまり,サーバーの側で成績管理を行って制御して,ネットワークでつながれた学習者のパソコンでは,それに基づいて CD-ROM に入っているプログラムを使いながら CAI 型の学習を進める,というものです。しかし,これはある意味で「ネットワークを使ったコミュニケーション」を行っていますが,「共同学習」ではありません。

また,「共同」といっても様々な形があります。上で Collaborative ということばを使いましたが,似たことばで Cooperative というのがあります。Cooperative Learning というと,普通はアメリカで1970年代から提唱され実践されてきた特定の種類の学習形態を指します。そこで行われていたことの中には,例えばこんな方式もあります。クラスをいくつかのグループに分けて,それぞれのグループに何問かの問題を出します。そして,各学習者がその問題を「ひとりずつ」解き,全員が終わったら(または制限時間がきたら)採点をし,グループごとの合計点(平均点)を出します。好成績のグループは称賛を受けます。そうすると,グループの中でひとりでも「できない」子がいたら,グループの成績は悪くなってしまいますから,それぞれの子どもは「仲間に迷惑をかけないように」と一所懸命になるでしょうし,できる子はグループ内のできない子を助けてあげようとするでしょう。そのような形で,グループの成績を上げるために「共同で」がんばるということが起こってきて,その結果それぞれの学習者の成績が上がっていくというわけです。

このような共同と,CSCL で言われている共同(collaboration) とは大きく違います。例えば,代表的な CSCL の例としてよく挙げられる,CSILE (Computer Supported Intentional Learning Environments) [5]について考えてみると,学習者同士が仮説や考えや意見をぶつけ合い,その社会的相互作用を通して「理論」を自分たちで作っていくプロセスを媒介する道具として,コンピュータが使われています。他の人の考え方に対して反論をしたり,同調する意見を述べたり,支持する証拠を提示したり,否定する証拠を提示したり,などを意識的に行うことがやりやすい環境を,コンピュータを使って作り上げているわけです。

ここでの「共同学習」は,社会的に複雑なプロセスを経て,共同で「作り上げる」過程を意味しています。第11章2で述べるように,このような枠組みの背後には,社会構成主義の学習観や,状況論的な学習観があります。学習の本質として,他者との関わり合いの中で生ずるものだということが強調されているのです。

もちろん CSCL では,学習活動が専らネットワーク上だけで起こるのではありません。CSILE にしても,ネットワーク上でのコミュニケーションは,時間的に見れば,学習活動のごく一部と言えるかもしれません。各学習者や学習者グループが,観察したり実験したり,自分で問題解決したり,一人でじっくり考えたり,ということが大きな時間を占めています。ですから,CSILE を使っている実際の教室を見ても,パソコンに向かっている生徒はごく少数だったりします。しかし,ネットワークでのコミュニケーションは,学習を成立させる中で,特に学習者の概念の変化を引き起こす上で,非常に重要な役割を果たしています。

インターネットを使った教育実践は,日本の学校でも数多く試みられてきています。しかし,その理論的基盤は,必ずしもしっかりしているとは言えず,そのため「何のためにネットワークを使っているのか」がなかなか見えづらい部分があります。CSCL

> **コラム9・社会構成主義，状況論**
>
> 　学習者と他者や環境との関わりは，どのような学習観・学習理論でも様々な形で考えられていることです。これまでの多くの学習観では，学習者と他者・環境とは別個の存在であって，他者・環境はそれぞれの学習者が頭の中で学習をすすめる際に影響を与えるものとしてとらえられてきました。それに対して，社会構成主義や状況論での学習のとらえ方では，他者や環境との相互作用という社会的・共同的な活動全体と考えます[1]。そうした社会的な営みの中で作り上げられていく活動が，学びだととらえるわけです。
>
> [1] レイブ，ウェンガー『状況に埋め込まれた学習』産業図書

は，ネットワークの利用のしかたや，ネットワークを使ったシステムの構築を考える上で，大いに参考になる枠組みだと思います。

【注】

[1] 戸塚滝登『コンピュータ教育の銀河』晩成書房
[2] S．パパート『マインド・ストーム』未来社
[3] 例えば，アメリカで開発された大規模な CAI システムの代表例である PLATO システムでは，メッセージ送信機能が実装されていましたが，それはもともとシステムの不具合を報告するためでした。後には徐々に利用範囲が拡大し，もともとの「ねらい」に反して，学習者同士がお互いにコミュニケーションを楽しむのに盛んに利用されてしまった，ということがあります。ある高校では，生徒が休み時間に「PLATO をしにいく！」とコンピュータ室に行き，盛んにメッセージのやりとりをしていた，ということです。Bresler. L. (1990) Computer-mediated communication in a high school : The

users shape the medium. *Journal of Mathematical Behavior, 9*, 131-149

4 CSCL は，Computer Supports for Collaborative Learning など，いくつかの異なった言い方の略となっています。Collaborative の他に，Cooperative や Coordinated などを使う人もいます。

5 Ontario Institute of Studies in Education の M. Scardamalia と C. Bereiter が中心になって行ってきた開発・実践プロジェクトです。佐伯胖『新コンピュータと教育』(岩波書店)，大島純「コンピュータ・ネットワークの学習環境としての可能性」(岩波講座「現代の教育」第 8 巻『情報とメディア』) を参照。

9 教師の役割

1 知識の伝達者としての教師から、学習の支援者としての教師へ

　「教師とはどういう役割をもった人なのか」と問われれば、「教えるのが仕事の人」というのが素直な答でしょう。しかし、さらに「では『教える』というのはどういうことか」と問われれば、それに答えるのは決してやさしいことではありません。これまでの学校教育の中では、ある一定の範囲の「教える」観が暗黙のうちに強く浸透してきています。教師がどのような存在なのかというのも、「教える」ということをどう概念化するかに大きく左右されます。

　この節では、これまで教師がどのような存在としてとらえられてきたのかを考察した上で、本書で議論しているような「学び」を実現する中で教師はどのような役割を演じていかなければならないかを考えていきます。

1-1 知識の伝達者

　これまでの学校教育では、「学ぶ」というのは「知識を手に入れること」であり、「教える」というのは「知識を与えること」であるという考え方が暗黙のうちに大きな部分を占めていました。

教えることを「教授する」とも言いますが,教授というのは文字通り「教え授ける」こと,つまり「与える」ことです。つまり,「知識」という「モノ」があって,それを学習者に与えるのが教師の役目だということになります。

この考え方をさらに細かく見ていくと,いくつかの前提があります。ひとつには,教えるべき「知識」という「モノ」が予め存在する,ということがあります。何かを与えるためには,与えるべきモノがなくては話が始まりません。通常は,教科書などの「教材」の中にそれは予め用意されています。学界の知見などを基にして決められた「正しいこと」が教材の中に「知識」として与えられている,ということが前提とされているわけです。

教師の役割は,このようにして用意されている知識を,いかに効果的・効率的に学習者に授け与えるか,ということが大きな部分を占めてきます。教師が授業を準備する時の最大の関心事は,与えるべき「知識」がどのようなものかを「教材研究」という形で吟味することと,その知識の与え方を「授業計画」という形で設計することです。一昔前の教育工学の目的は,いかに「授業設計」をするかという方法論を確立することにあったわけです。また,教育メディアの使い方も,映画やテレビからOHPまで,知識を「伝える」時の情報の提示のための道具として位置づけられていました。

このような枠組みで「教えること」をとらえると,教師と学習者は互いに向き合う形の関係になります。端的に言って,これまでの教室の構造は,まさにそのような形になっています。教室の前に黒板を背にして教師が立ち,学習者はそれに向き合って全員が黒板・教師の方を向いて座っている,という形になるわけです。

教師が立ち学習者が座っているというのは,この構図における教師と学習者の関係性を象徴しています。つまり,教師は「上」

にいて、学習者は「下」にいるのです。教師は「知っている人」であり、学習者は「知らない人」なのですから。そして、知識というモノが、あたかも川の上流から下流に流れるように、上から下へと流れてくるのです[1]。

　もちろん、生徒が問題を解いたり考えたり、その考えを発言したり、といったこともこれまでの授業で盛んに行われてきています。その意味では、教師が「一方的に」与えるだけではない、と考えられるかもしれません。しかし、そうした活動はあくまでも、「正解」に至らせるための道具に過ぎない、と言ってもあながち言い過ぎではないと思います。つまり、大きな枠組みとしては、やはり教師が「与える」ことが前提とされているわけです。

　しかし、このような教師の役割や、教師・生徒間の関係性は、本来「教える」もしくは「学ぶ」ということの中で、当然のもの

> **コラム10・**
> **教師―生徒と師匠―弟子**
>
> 　教える・学ぶということについて考える時には、学校での「教師・生徒」の関係をつい考えてしまいがちですが、私たちの文化の中では様々な「教え」「学び」の関係があります。例えば日本の伝統芸能の世界で見られる「師匠・弟子」の関係[1]や、様々な文化的実践の中で見られる「徒弟制」での「親方・徒弟」の関係[2]は、学校で「知識を教え授ける」存在としての教師と「知識を受け取る」存在としての生徒との関係とは大きく異なっています。「学び」を中心にして教師の役割を考え直す中で、そうした様々な場面での学びの中での学ぶ者とそれを支える者との関係について吟味することは重要です。
> [1] 生田久美子『わざから知る』東京大学出版会
> [2] レイブ，ウェンガー『状況に埋め込まれた学習』産業図書

というわけではないでしょう。例えば、相撲部屋に弟子入りした新入りは、「先生」と相対して「教えて」もらうでしょうか？落語家の弟子でも、出家してお寺に修行に入った人でも、先生との関係は学校でのものとは大きく異なります。

平成14・15年度から試行される新しい学習指導要領で小学校から高校までの各段階に新たに導入される「総合的な学習の時間」で先生方が苦労しているのは、まさにこの点が大きいのではないでしょうか。総合的な学習の時間では、教師が教えるべき「正解」「正しい知識」をもっていて、それを子どもに「与える」という形ではなく、学習者自身の自発的な探求活動や創作活動が重視されます。そうすると、先生は「上」に立って教え授けていた今までの役割・位置と違ってくることが必然的に求められるのです。

考えてみれば、これまでも、図工や美術、技術や家庭、といった教科では、必ずしも「知識を与える」だけではありませんでした。今や、総合的な学習の時間や、さらには他の「主要教科」でも、これまでの学校教育の枠に収まらないような学習活動が奨励されたり積極的に採用されたりするようになり、学習・教育観が変質してきており、それに伴って、教師の役割も変わらざるを得ない部分があちこちに出てきているのです。

では、「知識を与える」存在として教師をとらえるのではないとすると、どう考えていけばよいのでしょうか。その問題を考えるためには、そもそも「教え―学ぶ」という活動の中で、「教える」部分に力点がおかれていた、ということを考え直さなければなりません。

1-2　学習支援者としての教師

近年、これまでにも増して、「学ぶ」側の活動に力点がおかれ

ることが多くなってきました。教育活動を,「教える」行為としてではなく,「学ぶ」行為としてとらえようとしているわけです。これは単に,同じ現象に対する注視点が異なるだけではありません。教師や学習者の役割と関係性が,大きく変わってくる転換なのです。

　第11章2でくわしく見るように,「学ぶ」行為としてとらえることの背後には,「学習というのは,学習者自身が理解や知識を作り上げていくものだ」という考え方があります。そのような学習のためのひとつの手段として,教師が「知識」を与えるという形に見える場合（いわゆる講義形式の授業など）もあり得るかもしれません。しかし,教師が知識を与えた場合でも,「与えるモノ」や「与え方」を吟味し設計するのではなく,学習者が「どのように受け取るか」「どのように理解し自分のものにしていくか」「どのように使って何を作り出すか」ということが重要で,そうしたことをいかに手助けしたらよいのか,というのが教師に課せられた大きな仕事になります。

　その意味では,教師は学習の「支援者」という役割になります。学習の支援のしかたにも,様々な種類があります。ひとつには,学習者が探求活動,理解活動などを行うための舞台を作る手助けをするということがあります。「学習環境のデザイン」ということです。物理的にどのような時間・空間で学習を行うか,どのような道具を用意するか,どのような人的・物的リソースを利用可能にするか,さらにはどのような課題を与えるか,ということなどが,学習環境のデザインに含まれてきます。

　このように「舞台」を用意しただけでは,学習活動の支援としては不十分です。学習者が時々刻々行っている活動をよく見て,適宜必要な手を差し伸べる,ということがとても重要になります。

　学習者に自発的な探求・調査活動をやらせると,教師はそれを

眺めているだけでいいから，教師の仕事は要らない，ということを言う人もたまにいますが，とんでもありません。従来の「教える」授業よりももっと教師の役割が大事になってくる，という側面が大いにあります。

　学習者を支援するためには，教師はやはり学習者以上の知識や技能をもっていなければなりません。学習者がどこでつまずいているのかを見極めたり，学習者が置かれている状況の中で最適な方向へと導いたりすることは，非常に高度なことです。

　このように学習支援者として教師の役割を考えてみると，教師と学習者との関係は，決して「与える者」対「受け取る者」ではありませんし，向き合う関係でも上下に対峙する関係でもありません。教師は学習者の横に並んだり下から支えたりする，という関係になってきます。

　このような「学習支援者」としての教師という考え方を述べると，あたかも教師は学習者に従属しているかのように感じる人も少なくありません。学習者が「自由に」「好きなように」行動するのに追随して，それを世話してあげる，というイメージをもつ人もいます。また，そのように学習者の好きなようにやらせていては，学習させるべきことをきちんと学習してもらうことは難しい（または不可能だ）と考える人も多く見られます。逆に，教師が自分の考え方を前面に出すと，「学習者に対する押し付けではないか」「学習者を誘導しているのではないか」と批判的に感じてしまう人も多いでしょう。

　しかし，この2つの考え方は，どちらも間違っています。どのような学習を成立させたいか，ということを教師は明確に定めておく必要があります。そして，それが実現できるような環境を構築し，その中で，学習者がそれぞれ目標を達成できる方向に導けるように支援をしていかなければなりません。さらに，学習者が

自らじっくり考えたり，様々な可能性を吟味したり，自発的に自由な発想で試してみたりすることを，最大限に許容することが大切です。時には教師が期待した以上のことを学習者がする場合もあるでしょう。教師が想像もしていなかったことを学習者が思いつくこともあるかもしれません。しかし，学習者にすべて好きなようにさせておけばいいということではありません。そのバランスを教師はしっかりと心得ておかなければならないのです。

【注】
[1] 詩人の長田弘さんは，教師が下を向き子供が上を向くという目線について，「仰ぎ見ているうちは絶対に身につかない」という考えを述べています。(「座談会　現代読書事情」『有鄰』第380号 http://www.yurindo.co.jp/yurin/back/380_1.html)

2　外国語教育における教師の役割

　学校で教えられているさまざまな教科のなかで，英語は教育法の研究と実践に特に熱心な科目です。それは「外国語教授法」という分野が成立していることからもわかります。これまでいくつもの外国語教授法が提唱され，実践されてきました。しかし，どの教授法をとっても「教師の役割」については深く考えられてこなかったように思います。

　英語教育へのインターネットの導入は，これまでにない全く新しい経験でした。そこではこれまでの教師像がそのまま当てはまりません。本節では，語学教育にインターネットを導入すると教師の役割にどのような変容が起こるのか，教授法とのかかわりから考えてみたいと思います。

2-1　ネイティブの外国語教師

　外国語教育では他の教科と違って教師について特別なところがひとつあります。それは外国人教師です。明治以来，日本の外国語教育では外国人教師が大きな役割を果たしてきました。大正期にイギリスから招聘され，語学教育研究所を設立したハロルド・パーマー（Harold E. Palmer）の業績は今でも高く評価されています。小泉八雲ことラフカディオ・ハーン（Lafcadio Hearn）も英語教師でした。

　今でも外国人教師は大きな期待をになっています。1987年に始まったJETプログラム（語学指導等を行う外国青年招致事業）では，ALTとよばれる外国語指導助手の数が当初の848人から6,000人を超える大事業に発展しています。大学の英語の授業でも日本人教員と外国人教員担当の授業を並べておくと，外国人教員担当の授業から登録がいっぱいになっていくことが多いものです。

　しかし，外国語の授業は外国人が担当すればうまくいくというわけではありません。ある大学の外国人担当の授業では次のような例がありました。4月，新学期の最初の時間，先生は教室の前にすわっている学生に質問をすることから授業を始めました。"What did you do this weekend?" 指名された学生はいきなりのことに当惑しながらも，"I ... I went shopping." と答えました。先生は続いて隣の学生に同じ質問をし，全員にひとりずつ同じ質問を続けました。翌週，先生は教室に入ってくると，またひとりずつ，"What did you do this weekend?" とたずねていきました。3週目，学生はもうわかっていますから，あらかじめ答えを用意して待っています。このようにして1年が過ぎました。

　教師は外国人でした。しかし，そこで行われた言語活動は意味

のあるものとは言えません。外国人教師は外国語教育にとって大きな役割があるのは事実ですが，外国人に教われば外国語ができるようになると考えるのは短絡的です。日本人教師であれ，外国人教師であれ，学習のなかで果たす役割を考えることが必要です。

2-2 教授法と教師の役割

インターネットを利用した外国語教育で教師がどのような役割を果たすのか，それを考える前に，一般に行われている外国語教授法とそのなかにおける教師の役割を見てみましょう。これまで広く使われてきた外国語教授法は文法訳読法（grammar-translation mehod），直接法（direct method），オーラル・アプローチ（oral approach）です。最近はコミュニカティブ・アプローチ（communicative approach）も試みられるようになりました。

文法訳読法とは，文法をてがかりに外国語から母語に訳す作業を通して外国語を学ぶ方法です。授業は母語で行われ，文法についてくわしい説明が行われるのが特徴です。コミュニケーション能力の養成にはつながらないとの批判がありながら，根強く行われています。教師は文法を解説し，生徒が行う訳をチェックします。ここでは教師は生徒に知識を与えるのが役割です。生徒とやりとりを行う場合でも，第3章2-3で紹介したIRE（*I*nitiate → *R*espond → *E*valuate）というパターンをとります。

 教師：この文を訳してごらん（働きかけ）
 生徒：時は矢のように飛ぶ（応答）
 教師：そう，つまり，光陰矢のごとしということだよね（評価）

文法訳読法への反発として生まれたのが直接法です。授業は外国語のみで行われ，音声だけで教えます。絵や周りの具体的な物を使って，動作や行動を通して意味を理解させます。文法をそのまま教えることはなく，教師とのやりとりのなかで帰納的に学びます。たとえば，次のような形で授業は行われます。

　教師：Come here.（窓のそばに立った教師が生徒のひとりに
　　　　向かって手招きする）
　生徒：（窓のそばに来る）
　教師：Open the window.（と言いながら窓をあけてみせる）
　生徒：（窓をあける）
　教師：Excellent!

母語を排し，外国語で直接教えることから「直接法」という名前で呼ばれます。この教授法は高度な外国語運用力が必要ですので，外国人教師が利用することの多い方法です。また，外国人教師は生徒の母語ができないことが多いので，必然的に直接法になるという理由もあります。海外の英語学校で使われる教授法はたいてい直接法です。
　この教授法は文法訳読法とは違って，教師と生徒のやりとりで授業が進みます。教師と生徒の間にインタラクションが行われているように見えるのですが，それは本物ではありません。上の例では教師は命令法の使い方と意味を教えようとして生徒とのやりとりをしています。教室が暑いので窓をあけてほしいというような事情があったわけではありません。
　この次に現れたのがオーラル・アプローチと呼ばれる教授法です。これは文法訳読法，直接法と比べてがっちりした理論的背景のもとに生まれました。背景は行動主義心理学です。言語は音声

であり，習慣の形成であるという立場から，繰り返し音声によるドリルを行い，言語習慣を形成することをめざします。このため，文型の一部を入れ替えるパタン・プラクティスが授業の中心にな

> コラム11・
> 内容を基盤とした外国語学習

外国語の授業ではその焦点は一般に「ことば」に当てられます。そこでは教師の発問は「この単語の意味は？」「この文はどういう意味かな？」「3×4は英語で何て言う？」「《江戸時代》って英語で何て言えばいい？」といったものになります。内容ではなく，表現，ことばの形に関心があります。

ところが，他の教科ではこのような発問はされません。「3×4はいくつ？」「江戸時代の社会の特徴を3つあげると何になるだろう？」「燃えているろうそくにコップをかぶせるとどうなるだろう？」　このように内容を中心にしたやりとりになります。

10数年前から，内容を中心においた外国語教育が提唱されるようになりました。「内容を基盤とした外国語学習」(content-based language learning) とよばれます。この教授法はひとことで言えば，生徒が外国の学校の一般のクラスに入ったような形で学ぶことです。外国語だけを使って，地理や歴史，文化など内容を学びます。そこでは「この単語の意味は？」といったやりとりではなく，「アメリカ独立革命の原因を3つあげると何になりますか？」といったやりとりが外国語で行われます。

この学習法の眼目は，意味のあるやりとりを外国語で行うことで結果として外国語の力をつけようというものです。内容は他の教科ばかりではなく，たとえば，先生が英語で指示を出し，生徒は英語で質問しながら料理を作るといった，一見，料理学校のような活動も行われます。インターネットを使った英語教育の実践は「内容を基盤とした外国語学習」の考え方と共通するものがあります。

第9章　教師の役割

ります。

教師：（水泳している絵を見せながら）泳ぐのは好きですか。
　　　Do you like swimming?
生徒：Do you like swimming?
教師：（料理をしている絵を見せる）
生徒：Do you like cooking?
教師：（歌を歌っている絵を見せる）
生徒：Do you like singing?

教師の役割は生徒がパタン・プラクティスをするためのキュー（きっかけとなる指示）を出すことです。

　ここに紹介する4つの教授法のうちもっとも新しいのがコミュニカティブ・アプローチです。外国語教授法の多くが method とよばれているのに対し、これは approach と呼ばれます。それはこれが具体的な手順ではなく、より広い考え方、接近法だからです。コミュニカティブ・アプローチでは場面に即した、意味のあるインタラクションを通して運用能力を身につけることをねらっています。たとえば、中学生に英語を教えている授業の場面を考えてみましょう。

教師：（生徒のひとりに向かって）How old are you?
生徒：I am fourteen years old.
教師：（別の生徒に向かって）How about you? How old are you?
生徒：I am fourteen years old.（ちょっといたずら心を起こして）Ah ... Ms. Suzuki, how old are you?
教師：Oh, don't ask me. I am a lady. People don't ask a lady

such a question. But I will tell you secretly.（生徒に耳打ちして年齢を教える）

　途中まで教師は直接法で年齢のたずねかた，答え方の練習をしています。教師は生徒の年齢を知りたくて質問しているのではありません。中学2年生だったら14歳か15歳でしょうから，教師には生徒の年齢はわかっています。ここでは年齢をたずねる，答える表現の形式を練習しているのです。

　ところが途中で教師と生徒のやりとりの質が突然，変わっています。茶目っ気を出した生徒が教師に同じ質問を返しています。生徒は先生の年齢を知りたいのです。教師もそれに意味のある形で対応しています。ここではたがいにコミュニケーションの必要があってやりとりをしています。このようなインタラクションを通して意味のあるコミュニケーションを行おうというのがコミュニカティブ・アプローチの考え方です。

2-3 インターネットを利用した実践での教師の役割

　メールやWebをメディアとしたインターネット上の実践を教授法という視点から分類すると，それはコミュニカティブ・アプローチと言えるでしょう。文法訳読法，直接法，オーラル・アプローチのいずれも，その中心はことばの「形式」にあります。たとえば，生徒が作文で次のような文を書いた場合，

I have a curry hair and big eyes.

従来の教授法では「hairは数えられない名詞ですからaはつけません。また，curryはcurlyとつづり字を直します。それに

curry だと《カレー》になってしまいます」のように添削をします。しかし，メールでの交流だと相手からの返事は次のようになることでしょう。

How I wish I could see your photo! Do you have a web page with your photo?

メールや Web を使った英語教育の実践は教授法という点から見るとコミュニカティブ・アプローチに分類されますが，教師の役割という点から見るとやや違いが見えます。コミュニカティブ・アプローチは外国語教育を行う考え方で，そこには教師の役割ははっきりとした形では示されていません。教師が中心になって授業を進めることも，教師が一歩引いた形で教えることも可能です。

メールや Web を使った英語教育の実践の特徴は教師が前面に現れないことです。教師は実践のなかでたいてい後景に位置しています。第8章1-3で紹介した，The Cities Project, WOW! Washington On the Web, Kyoto Restaurant Project, 第8章1-4で紹介した Homebuying for Everyone のいずれも教師は表に現れていません。

しかし，これは実践のなかで教師が何もしていないということではありません。メール交流を実践した人はよく経験することですが，最初，自己紹介を送り合っただけで，そこで先が続かなくなるということがあります。これはただ生徒にメールのやりとりをさせたからです。意味のある交流を続けるためには，何を目的に，どのような手順で進めるか，交流校の教師どうしが綿密に打ち合わせておくことが必要です。メール交流を行うには3か月前から準備しなさいとアドバイスされる方もいます。

メールを使った実践でもWebによる実践でも，教師は生徒と同じ視線で参加をしています。第8章1-3で紹介した　WOW! Washington On the Webでは，クリスティン・メローニさんはKyoto Restaurant Projectを生徒に紹介することで，アイデアを提案し，生徒の意欲をかきたて，プロジェクトをどのように進めるか，いっしょに考えています。いわば「学び合う共同体」のひとりとして参加しています。従来の教室での伝統的な授業では教師が教える役割を演じているのに対し，メールやWebを使った実践では，生徒が学ぶ主体を形成し，教師もその仲間に加わり，支援する役割をになっていると言えるでしょう。

10 評価のあり方

1 新しい学習観と評価の考え方

　インターネットを使って様々な情報を閲覧したり様々な形で他者とコミュニケーションをとったりする中で，外国語の「学習」ということについて「こんな考え方もできないかな」と思うようになってきたことがあります。

　私は，ドイツ語を習ったことはありません。ドイツ語の入門書を買って少しは勉強しようと思ったことは何度もありますが，そのたびに2・3章で挫折しました（このように「さわり」だけしかやっていない外国語がいくつあることやら…）。しかし，私は最近，ドイツ語を使ってあることを立派に成し遂げたことがあります（少し大げさな言い方ですが）。

　「あるドイツ語の本についての紹介を見てぜひ欲しいと思ったのだけど，どうやって手に入れたらいいかなぁ」と知人から相談を受けました。そこで私は，その紹介の記事から得られる手がかりをもとにして，インターネットのオンライン書店で注文ができないかと考えました。表紙の一部の写真がありましたので，タイトルらしきもの，著者名らしきもの，などの断片を見ることができました。そして，アメリカに本拠があり，日本にも「支店」がある，老舗のオンライン書店[1]のドイツ「支店」に行き，それら

の情報を入力して検索してみました。

　画面に表示されるのはもちろんドイツ語ばかりです。アメリカ本店や日本支店の店構えとほとんど同じですので，画面の構成はだいたい見当がつきましたが，画面上でいくつかよくわからないところがありましたし，いざ注文しようとしたらもう少しきちんと「理解」しなければならないことがありそうです。うっかりしてとんでもないものを買ってしまったら大損です。

　そこで，アメリカのWebサイトにある，翻訳のサービス[2]を使ってみることにしました。そこでは，20ペアほどの言語の組み合わせ[3]について翻訳をしてくれるのですが，その中に「ドイツ語から英語」というものもあります。「ドイツ語から英語」という項を選んで，オンライン書店ドイツ支店のURLを打ち込むと，ドイツ語で書かれているそのページが，英語に自動翻訳されて表示されるのです。

　このサービスを利用して，ドイツ語のページを時々英語に訳しながら，また二度ほどはパソコンに入れてある辞書[4]で単語の意味を確認しながら，目的の本を探しあて，発注し，無事に手に入れることができました。

　さて，私は，ドイツ語の能力があるのでしょうか？　従来の「語学力」観・「語学学習」観から考えたら，私のドイツ語力は限りなくゼロに近いでしょう。単語も文法も，英語の類推で判断する以上のことはできませんので，ドイツ語としての知識は皆無です。もちろん，ドイツ語で会話など，「グーテンターク」と「ダンケ」くらいしか言えません。

　しかし，私はインターネットとパソコンの助けを借りながら，「本を買う」という目的を達成するのに，ドイツ語環境の中でうまく行動することができた，ということは言えるはずです。つまり，道具を使いながらある言語で何らかの行動をうまく成し遂げ

る、ということができたわけです。

　この他にも、研究に関連する調べ物をしている時に、韓国語のWebページで情報を入手して利用したことも何度かあります。私の韓国語の知識は、ハングルが一通り読めて、簡単な挨拶ができる程度です。しかし、パソコンの韓日翻訳システム[5]を利用し、しばしば「紙の」辞典をひきながら、必要とする情報を手に入れ、理解することができました。

　このようなことができることを、「言語を使う能力」と言うことは、突拍子もないことでしょうか。もちろん、コンピュータや紙のリソースにほぼ全面的に頼っているのでは、本当に言語を使う能力があるとはいえないかもしれません。もしこのような仕方で何かを成し遂げることが「言語を使う能力がある」と言ってしまったら、それでは人手による「通訳」や「翻訳」の手を借りた場合もいいことになってしまうかもしれません。外国語の文章を読み書きしたり、外国人相手に外国語で話したりするたびに、すべて通訳や翻訳をしてくれる人に頼んでいるのであれば、それはその外国語の能力があるとは全く言えないことになるでしょう。しかし、それと「自分で道具やリソースを使いながら理解できる」というのは、違いがあるのではないでしょうか。そのように考えてみると、「自分の頭だけでやらなければいけない」という考え方と、「すべて他人に委ねてやってもらう」という考え方との間には、「様々な道具を使い、自分で理解し考えながら、自分のやりたいことを成し遂げる」という考え方があってもよいのではないでしょうか。

　そうしたことを踏まえて、これまでの評価のあり方の背後にある考え方を見直し、新たな評価のあり方の可能性を、この章では考えていきたいと思います。

1-1 「身につけたこと」の評価

　これまでの学校教育における評価の考え方は，「どれだけの知識が頭に入っているか」を測定する，ということが基本にあったと言えるでしょう。「預金型」の教育という呼び方で現在の教育のあり方を批判的に検討した人がいます[6]。学習者の頭を「銀行」にたとえ，その中に詰め込むべき知識を「お金」に喩えているわけです。

　この「預金」メタファーに基づくと，「いくら貯まっているか」ということが評価の軸になるわけです。ここで重要なポイントのひとつは，100万円貯金されていれば，その100万円をどのように使うかということは問題でないということです。その100万円を，コンピュータを買うのに使うのか，車を買うのに使うのか，家を買う頭金の一部にするのか，ということは関係ありません。宝くじを買ったり，競馬や競輪で賭けたり，パチンコの軍資金にしたり，といったことに使われるかもしれません。さらには，強盗をするための道具を買うのに使われるかもしれませんし，自分の代わりに犯罪行為をしてくれる人を雇うのに使われるかもしれません。そうした使用目的は何であれ，100万円は100万円としての評価になるわけです。また，いわゆる「金の使い方を知らない」という状態で，実際にはせっかくお金を持っていても，それを効果的に使えない人もいるかもしれません。そのような人も，逆にそのお金を効果的に使える人でも，同じ100万円を持っている人として扱われます。

　もしかしたらその100万円は，預金したまま一生使われないで眠ってしまうかもしれません。もしかしたら，知らない間に銀行で不正があって，いつの間にかあったはずの100万円がなくなってしまうかもしれません。そういうことには関係なく，評価する

時点で100万円あれば，それは100万円として評価されるだけです。

　例えば，学校でよく行われているような英語の単語の試験を考えてみると，これと同じような考え方がかなりの部分当てはまるのではないでしょうか。その単語をどのような場面でどのように使うかということとは関係なく，ある単語の訳語がきちんと書ければ，それはその単語を知っていることとして評価されます。その単語を，それ以後の人生の中で，一度も目にすることがなくても，一度も使うことがなくても，試験の時にできれば，それはその人の単語の知識として評価されます。

　このような評価の仕方は，全く意味をもたないわけではありません。学習者が英語を使えるようになるかどうかを評価するための一側面としての役割は，決して小さくないかもしれません。しかし，実際に英語を使う場面と，このような考え方での学習や評価とは，あまりにかけ離れているのではないか，というのが多くの人がもっている実感ではないでしょうか。

　英語の「知識」としては，もちろん様々な種類のものがあります。単語の知識や文法の知識だけでなく，それらの知識を使ってどのように英文和訳をするかというのも，知識のひとつの種類です。英語で書かれた文章を読んで，その大意を把握し，それを要約したり，それに基づいて自分の意見を英語で書いたり，ということは「知識」というよりももう少し高次の技能で，英語という教科の枠内にはとどまらないものになるかもしれません。こういったことは，もちろん英語の技能として重要ですが，学校教育の中で実際にこのレベルまで学習し評価されることは少ないでしょう。

1-2 「できること」「できたこと」の評価

　上で見たような,「何をどれだけ持っているか」という考え方に基づく評価ではなく,「何ができるか」ということに基づく評価, という考え方もできるでしょう。ここで言う「できること」は, 単語のスペルが書けるとか, ある文法構造を使って書かれた英文を日本語に訳すことができるとか, そういう「知識」を問うようなレベルのことではありません。英語やその他の言語を使って, 何ができるか, ということです。この章の冒頭で述べた, 外国語を使って本を購入するということは, そのひとつの例になるでしょう。道を尋ねて教えてもらう, というのもまたひとつの例になります。シェイクスピアの戯曲を読む, というのでもいいでしょう。また, インターネットを介して外国語でコミュニケーションをとり, あるトピックについて理解を深めるというのも, そのひとつです。

　これまでの外国語教育では, 学んでいる外国語を使って「何ができるか」ということに, 大きな注意を払ってきたとは言えないのではないでしょうか。もちろん, 機能重視, コミュニケーション重視の外国語教授法は古くから試みられてきています。そこでは, どんな状況ではどのような表現を使ってどのような会話をするか, ということが整理され, それぞれの状況の中で目的（例えば買い物をするとか, 道を尋ねるとか）を達成できるようになることを目指しています。しかし, ここで重要なのは, 従来のこうしたアプローチでは,「状況」というのはあくまで教師や教材作成者が想定して作った抽象的なものであり,「将来このような状況に遭遇したらどうしたらいいか」ということを, その状況とは切り離して練習し学習する, という形になっていた（ならざるを得なかった）ということです。具体性に乏しいシミュレーション,

とも言えるでしょう。そのような学習環境では、どうしても学習者にとってはリアリティに欠け、学習意欲もなかなか上がらず、単にそれぞれの状況ごとに与えられた表現を「暗記」するだけになりがちです。

　ところが、インターネットを活用することによって、「外国語学習の教室で実際にやってみることができる」ことの範囲が格段に広がりました。例えば、買い物をするということでも、教室の中で「買い物ごっこ」をするのではなく、実際のオンラインショッピングで教室から買い物をすることができます。もちろん学習活動のたびに買い物をしていてはたまりませんし、教育上よくないこともあるでしょうから、最後の決済をする前の段階までで止めるなどということが必要でしょうが。それでも、様々な商品を比較検討したり、どの店が安いかを調べたりといったことを、実際に外国語を使いながら情報を集め理解しながら行うことができるのです。

　この買い物の例を考えても、たとえ辞書や翻訳ソフトなどを使ったとしても、外国語を使ってこのような活動をすると、うまくできる学習者もいれば、なかなかうまくできない学習者もいるでしょう。そうだとすると、それは、外国語を使ってある活動をする「能力」の違いととらえることは、決して無理なことではないでしょう。

　このように、「外国語を使って何ができるか、できたか」ということを、具体的な場面で目に見える形で表現することが、インターネットを使った活動の中では様々な形でできるわけです。「何をどこまでできたか・できるか」を評価することによって、学習者の「外国語使用能力」を測る、ということが現実的に可能になったといえるでしょう。

1-3　「なしとげた過程」の評価

　ここでひとつ注意が必要なのは，上のように考えてしまうと，ややもすると「結果主義」ということになってしまうかもしれません。「結果としてできたんだからいい」「結果としてできなかったからダメなんだ」という考え方になってしまうとしたら，それは外国語使用能力の評価としても，非常に偏ったものになるでしょう。外国語の知識もあり，その知識をうまく活用することもできるのに，たまたま現在の活動の中でうまく成果を得られない場合もあるかもしれません。逆に，たまたま検索したらうまい情報に行き当たって，「スゴイ」ことが成し遂げられてしまうという場合もあるかもしれません。その点では，「結果主義」だけに陥ってしまうのはとても危険なことです。

　そこで重要なのが，「プロセス」の評価です。それぞれの学習者が，どのようなリソースや道具を使い，どのような行動をとり，何を考え，どんなことをしていったか，ということをしっかりと評価の対象にするということです。

　最初に述べたように，もっぱら通訳や翻訳者に頼っていたのでは，外国語を使って何かを成し遂げたとしても，それは外国語の使用能力があるとは言えないでしょう。通訳を雇うお金があるだけのことかもしれませんし，人材活用がうまいということだけかもしれません（それもひとつの重要な技能ですが）。それに対して，自分で適切な道具を適宜選びながら，自分の頭をフルに使って，様々な情報を集めて吟味したり，他者とコミュニケーションをとったりして活動を進めていたとすれば，たとえ結果として目を見張るものがなかったとしても，外国語を立派に使いこなす能力があると考えられるでしょう。

　過程の評価というのは，結果の評価と比較して，非常に難しい

ものです。というのは，通常，過程は目に見えない，または見えにくいからです。ですから，教師の側では，過程を目に見える形にする，ということを工夫しなければなりません。

最近,「総合的な学習の時間」との絡みで注目されている評価の方法として,「ポートフォリオ評価」というものがあります。これは，各学習者の書いたものや作ったものをファイリングして蓄積し，それをそれぞれの学習者がまとめ直して「自分はこういうことをこういう風にやってきた」という形で表現するものです。それを見ることによって，各学習者がやってきたことを評価するのです。

しかし，ポートフォリオだけでは，各「作品」を作るプロセスや，失敗してやり直したり試行錯誤したりしたプロセスが，必ずしも目に見えてきません。「いい失敗」をしていても，それがなかなか形に残りません。その点で，コンピュータを使った活動をしていると，各学習者がどのようなプロセスでひとつひとつの事柄をしてきたかを細かく記録することも可能になってきます。

例えば，7章2-3で述べた「脳の鏡」という描画ソフトでは，パソコン上でマウスを使って絵を描くプロセスを，1ストロークずつ，動画（QuickTime）の形で保存しておいてくれます。そして，そのプロセスを簡単に再生することができます。そうすると，途中まで描きかけて，ある部分を消してやり直しをする，といったプロセスをすべて可視化することができるわけです。子供たちは，自分の描画プロセスを再生しながら，友達や先生に「ここではこう考えてこう描いたんだよ」「ここでこう考えて，これはやめて，こうすることにしたんだよ」ということを嬉々として説明してくれます。

「脳の鏡」は，このようにして，プロセスを目に見える形にし，各学習者が何をどう考えてどういう過程を経て活動したのか，と

いうことをしっかりと評価することができます。これと同じように，ワープロを使って文章を書くプロセスや，ブラウザを使って情報を探索するプロセスや，様々なソフトを使いながら調べ物をするプロセスなどを，コンピュータの上で記録することはそう困難ではありません。

　もちろん，一人ひとりの学習者について，すべてのプロセスを細かく先生がチェックすることは，時間的にも労力的にも不可能でしょう。しかし，このような「プロセス」を要所要所で先生が見ること，また学習者自身がプロセスを振り返って考え直すこと（自己評価）に，大きな意義があることは言うまでもありません。

　以上のように，実際に何をどのようにしたのかという成果と過程を評価することは，学習の評価として重要な位置を占めてくることが期待されています。評価のための学習（裏返せば，評価が終われば忘れてしまってもいい，というような学習）から脱却し，学習活動の中身や，学習過程で作り上げていったもの，その結果得られたこと，などをしっかりと評価していけるようにしていかなければならないと思います。

【注】

[1] アマゾン・ドット・コム（Amazon.com）です。アメリカ「本店」は http://www.amazon.com/,
日本「支店」は，http://www.amazon.co.jp/,
ドイツ「支店」は，http://www.amazon.de/です。

[2] http://www.altavista.com/から translate という項目を選ぶか，または http://world.altavista.com/で直接アクセスすることもできます。

[3] 2001年10月1日現在で，中国語，フランス語，ドイツ語，イタリア語，日本語，韓国語，ポルトガル語，スペイン語の8言語と英語と

の間の翻訳（両方向），ロシア語から英語への翻訳，ドイツ語とフランス語との間の翻訳（両方向）の19通りの組み合わせが可能。英語と日本語の間の翻訳では，http://www.infoseek.co.jp/の中に「翻訳」のサービスなどもあります。
[4] このような場合に備えて，三修社「ロボワード ver4.0 ＋12か国語大辞典」をノートパソコンに入れてあります。
[5] 高電社（http://www.kodensha-s.co.jp/）の「i・ソウル／KJ」というウィンドウズ・パソコン用の翻訳ソフトを私は使っています。現在の版は，「ｊ・Seoul2001 KJ」という名前で出ています。
[6] パウロ・フレイレ『被抑圧者の教育学』亜紀書房

2 外国語教育における評価の考え方

評価と測定ということを考える場合，なによりも肝要なのは測定の対象が正しく把握されているかどうかという妥当性の問題です。しかし，肝心な「外国語能力とは何か」「外国語能力を形成する要因は何か」ということについては，さまざまな意見があり，一致した考えがないというのが実情です。

メールや Web を使って英語教育を行うと，これまでの外国語学習観とは別の輪郭が浮かび上がります。それは，外国語を学ぶという行為は単に，単語を覚えたり，文法のしくみを理解したり，テープについて音声を繰り返したりすることではないということです。本節では第3章2-2で紹介したリバーズの考えを踏まえながら，インターネットを使った外国語教育における評価のあり方を考えてみたいと思います。

2-1 避けて通れない問題

　日本でインターネットの教育への導入が始まったのは1994年前後です。この頃，あちこちで開かれたインターネットと英語教育をテーマとしたワークショップや発表会はどこも熱気でいっぱいでした。英語教育に何が起ころうとしているのか，地図のない未踏の地に足を踏み入れようとする探検者のように，少しでも先に歩を進めた人からはあらゆることを聞き出そうという気持ちがあふれていました。発表の最後に行われる質疑応答はいつも予定の時間を超えたものです。

　このようなとき，必ずとりあげられたのが評価の問題です。「メールを使った実践はすばらしい。でも，どのように評価するのか」ここに質問が集中しました。メール交流を授業に組み入れて行う以上，成績を記録し，評価する必要があります。メール交流がうまくいくかどうかは相手によるところが大きいですし，交流しながら次の展開を考えていかなければなりません。一般の授業のように前もって学ぶ内容を組み立てておくことができません。一般の授業は学ぶ内容がいわば「構造化」されているのに対し，メール交流の活動にはそのような構造化がありません。学んだことをテストするすべがないのです。

　評価は学習の意義にもつながる大事な問題です。インターネットの英語教育への導入が試みられた当初，研究発表では「メール交流に参加することで生徒の目が輝いた」という報告が行われ，だれもが心を動かされたものです。でも，それは単に学ぼうという動機づけが高まっただけではないのか，メール交流という活動で英語の力の向上につながったのか。みんなの関心はそこにありました。しかし，質疑応答のなかで明確な視点は出てきませんでした。「今後，時間をかけた実証的な研究が必要だ」といった将

来の課題という形で質疑応答が終わることが多かったように思います。

2-2　測定のむずかしさ

　メール交流の成果を測定するのがむずかしいとはいっても，授業などで学ぶ英語の成果を測定するのも実はむずかしいことなのです。「でも，学校では学期ごとに英語のテストをしているではないか」と思われるかもしれませんが，それは必ずしも英語の力を測っているわけではありません。「関係代名詞の用法を理解して，文を作ることができる」といった目標にそって学んだ力を測っていることが多く，外国語としての英語の運用力の一部を見ているだけです。算数で「繰り上がりのある2桁の数の足し算をすることができる」という目標にそって学んだ生徒に対し，14＋27という計算ができるかどうかを試すのと同じです。算数や数学の力は演算だけでなく，物ごとを筋道を立てて抽象的に考える力など多くの側面をもっています。同じように，「関係代名詞の用法を理解して，文を作ることができる」というのも外国語としての英語の力のほんの一部にすぎないのです。

　では，文章を読ませたり，まとまった文章を書かせたりするのはどうでしょうか。英語の全体的な力を測ることができるのではないでしょうか。My Dreamといった課題を与えてまとまった文章を書いたものは英語の総合的な力が表れているものといえます。しかし，それを評価することはきわめてむずかしいことです。簡単な単語と構文だけれども長く書いた作文と，短いけれども単語と構文の種類が多い作文ではどちらが英語の力は上なのでしょうか。内容とその展開は英語力の測定の対象に含めるのでしょうか。リーディングやライティングの力の測定は実はむずかしいこ

となのです。

　さらにまた，そのような測定ができたとしてもその力を形成した要因を特定するのはさらにむずかしいことです。世の中に外国語学習法とよばれるものは数多くあります。英語の力は単語力の増強につきるという人もあれば，やはり文法だという人もいます。文を暗記して英語を身につけたという人もいます。単語や文法や文の暗記といったことが英語の力を養う要因であることは疑いのないところですが，それがすべてではありません。これまで外国語教授法はいくつも提唱され，実践されてきましたが，これが決定版というものはありません。外国語能力を形成する要因というのはまだまだよくわからないのです。

2-3　記号操作と自己表現

　外国語の力はどのようにして身につくのか，その全体像を示しているのが第3章2-2で紹介した外国語教育学者のリバーズです。リバーズは外国語学習に不可欠な要因として記号操作と自己表現をあげています。

　記号操作とは単語や表現を覚えたり，発音したり，学習した文法事項や構文を使って新しい文を作ったりするドリルです。私が中学校ではじめて英語を学んだのは *Jack and Betty* という，その頃，広く使われていた教科書でした。その最初のレッスンは"I am a boy. I am Jack. I am Jack Jones."という英語でした。それぞれの単語の意味を教わり，先生について発音し，単語を書き写し，さらに自分の名前に入れ替えて"I am Koji. I am Kojiro Asao."という文をノートに書きました。このように，ことばを構成する要素を対象に，その使い方をドリルするのが記号操作です。一般に外国語学習と聞いて思いうかべるイメージはだいたい

> ## コラム12・
> ## 「もしも学習」と「そのとき学習」
>
> 　国際化が進んだと言われる現代ですが,生活や仕事で英語がどうしても必要だという人は実際,そんなに多くはありません。「英語ができればいいな」という淡い期待はあるものの,どうしても英語を学びたいという動機づけはなかなか見られません。このようななかで,英語を学ぶ意味として言われるのが「将来,英語はきっと必要になるから学んでおこう」というものです。
>
> 　このような,将来,もしも必要になったとき知らないと困るので今学んでおくという,学びについての伝統的考え方は英語で just-in-case learning とよばれます。「ひょっとして必要になるかもしれないので学習すること」という意味です。日本語では定まった訳語はありませんが,「もしも学習」と言えばいいでしょうか。
>
> 　これに対し,ある知識や技能を今もっていなくても,必要になったとき,その場で学べばよいという新しい考え方が最近,提唱されるようになりました。英語では just-in-time learning といいます。「必要になったとき,それに即応して学ぶこと」という意味です。これも訳語は定着していませんが,「もしも学習」と言えばいいでしょうか。メール交換など,インターネットを使った英語教育の実践は,その場,その場の展開に応じて学んでいくのが特徴で,「そのとき学習」の代表と言えます。

記号操作です。日本だけでなく,外国でも外国語教室で行われるのはこのような記号操作が中心です。

　これに対し,自己表現とはことばを意味のある場面のなかで使うという行動です。教室での記号操作は場面を抜きにした,いわば真空のなかで行われる作業です。"I am a boy."と発音したり,ノートに書き写したりするのは記号操作としては意味のある活動

ですが,実際の場面でそのような言語活動をすることはありません。自分が男か女かは相手にはわかりますから,私が "I am a boy." と相手に言えばまぬけな発言になってしまいます。日常的な生活の場面で相手にお願いしたり,謝ったり,たずねたり,意思を伝えたりする目的でことばを使うことがリバーズの言う自己表現です。自己表現とは記号操作で学んだ知識,技能を意味のある場面で使うという経験です。

リバーズは外国語習得には記号操作と自己表現のどちらも必要なのだと繰り返し説いています。それは記号操作を学んでから自己表現に移るという学び方の順序の問題ではなく,初級レベルから記号操作と自己表現を平行して進めなければならないというのがその考えです。アメリカの英語教育学者が日本で講演した折,半ばジョークで「私の教えている学生は教室よりも教室の外で英語をたくさん学んでくる」と述べていました。教室で行う体系的な学習ではなく,教室の外での友達とのやりとりやお店での買い物などで英語を学んでくるということです。しかし,それがことばの習得の上で効果があったのは,教室で行う記号操作が同時に進められていたからと考えられます。

2-4 測定と評価

さて,インターネット上での言語教育の実践,典型的にはメール交流の評価はどうあるべきか,核心に迫ってみましょう。一般に評価ということはテストと同じ意味に使われることがよくあります。本節の 2-1 に紹介した「メールを使った実践はどのように評価するのか」という疑問は実は「メールを使った授業ではどのようにテストを行うのか」という意味で使われていたように思います。

測定（またはテスト）と評価は区別しなければなりません。評価とはテストなど測定で得られた事実をもとに教育的判断を下すことを言います。教育の現場では，「次の単元に進んでよいか，または今の単元をもう一度繰り返し学習した方がいいのか」「新しい教授法は効果的だったか」「理解ができていない生徒はだれか」といった教育的判断をたえず下していかなければなりません。この判断は教師が恣意的に，主観的に行うものではなく，実証的に進めなければなりません。そのためにテストで理解度を試します。テストの得点をもとに教師の観察を加えながら，吟味するのが評価です。測定とはものさし（テスト）を使って事実を示すこと，評価とは測定した結果をもとに教育的判断を下すことです。

　学習活動には測定がなじむものとそうでないものがあります。一般に測定が行われるのは到達度目標を立てて行う学習です。算数の計算はその典型です。「繰り上がりのある2桁の足し算を行うことができる」という目標を立てて一定の計算練習を行います。その後，14＋27といった計算問題を解かせて，学習の到達度を見ます。英語学習でも同じことがよく行われます。現在完了形の意味，用法を学んだ後，そのテストを行うというのはその例です。

　しかし，到達度目標の設定がなじまない，つまり，測定がなじまない学習活動もあります。音楽，美術，体育はその傾向が強い科目です。ベートーベンの第五交響曲を聞く，セザンヌの絵を鑑賞する，クラスでサッカーの試合をするという活動を考えてみましょう。これらの活動で「繰り上がりのある2桁の足し算を行うことができる」のような到達目標を立てることができるでしょうか。到達目標が達成できたかどうか測定することができるでしょうか。「ベートーベンの生国を知る，ベートーベンはロマン派に属することを知る」「セザンヌは印象派であることを知る」というのは到達目標と言えますが，それが上のような音楽，美術の活

動の目的ではありません。ベートーベンの第五交響曲を聞くという活動は音楽を聞くという活動そのものに意義があります。セザンヌの絵を見るという活動も絵を鑑賞するということそのものに意味があります。サッカーの試合では得点を入れた人を優秀と評価するのではなく，団体競技にメンバーとして参加するという活動そのものに意義があります。つまり，学習活動のなかには体験をするということそのものに教育的な意義が存在するものもあるのです。これらはそれぞれの体験をしたということで評価されるものです。

2-5 再び，英語学習について

メールを読み書きするという活動はリバーズのことばで言えば「自己表現」にあたります。自己表現は具体的な場面で意味のある言語活動に参加することです。それはベートーベンの第五交響曲を聞く，セザンヌの絵を鑑賞する，サッカーに参加するという活動と同じ性質の活動です。メールの読み書きはそれを体験することに意義があります。

リバーズは外国語習得を行うためには記号操作と自己表現を同時に進めなければならないと説きました。記号操作の力をことばの力として定着させるためには自己表現という体験をしなければなりません。自己表現を行うためには記号操作という学習を同時に経験しなくてはなりません。生徒の英語運用の力が高まったという場合，それは教室でのドリル，意味のある言語活動の両方があったからで，理由をどちらか一方に求めることはできません。

インターネットが英語教育に導入された頃，英語教師たちがメール交流に新鮮な驚きを覚えたのは，教室では実現できなかった「意味のある場面での意味のある言語活動」が実現したことで

した。メールを読み書きするという活動を通じて、生徒たちは教室でのドリルで学んだことをことばの力として内在化する作業をしていたのです。メールを読み書きするということは読み書きを行うという活動そのものに言語学習の意義があり、その活動を体験することで評価されるものと言えるでしょう。

11 英語教育の変革

1 外国語教育の何が変わるのか

　マクルーハンは「メディアはメッセージである」という有名な警句を残しました。メディアは単にメッセージの乗り物ではない。メディアが変わればそのメッセージの意義も変わるのだということです。私たちはメディアが変わっても中身（メッセージ）が同じなら，伝わる内容も同じだと考えます。たとえば，小説とそれを原作として制作された映画を考えてみましょう。マクルーハンによれば，原作をもとに忠実に制作された映画を見るという行為は活字で小説を読む行為とは異なる経験であるのです。

　マクルーハン流に言えば，生徒が宿題としてノートに英語を書くこととメールで英語を書くこととは全く別の経験と言えます。同じ，My favorite song is "Sing".という英語を書く行為であっても，「次の日本語を英語に直しなさい」という指示で書くのと，メールの交流の相手に書くのとではその意義が異なります。本節では外国語教育にインターネットを導入する意義を考えながら，インターネットによって外国語教育がどのように変わるか，その可能性を探ってみたいと思います。

1-1 インターネットが開いた新しい視点

これまで外国語教授法とよばれるものはいくつも提唱され,実践されてきました。しかし,残念ながら,これが決定版と言いうるものはまだ世に現れてはいません。どの外国語教授法も一面をとってみれば効果はみられるものの,どれかひとつですべてをまかなうことのできるものはまだないのです。

インターネットを使った外国語教育の実践は教授法ではありません。また,インターネットは教育や学習という分野とはかかわりなく,別のところで生まれてきたものです。しかし,教育とインターネットが出会ったとき,不思議なことが起こりました。インターネットというメディアに教育を載せてみると,ことばを学ぶという営みについてそれまでは見えなかった新しい輪郭が見えてきたのです。

これまで私たちが外国語の学び方として暗黙にイメージしていたのは個人的な作業です。教科書を見ながらテープを聞き,発音したり,課題にそって作文したり,表現を覚えたりすること――外国語を学ぶというと,このようなイメージがうかびます。それは教室での授業でも同じです。たくさんの生徒が同じ教室に集まっていても,教師の出すキューによって表現を繰り返し発音したりするのは一人ひとりの作業です。何人もの生徒が同じ教室で授業を受けているのは効率のためです。

インターネットを使った外国語教育の実践に共通するのは人と人とをつなぐという視点です。メールは必然的に読み手,書き手という関係を成立させます。これは生徒が作文を書いて教師がそれを添削し,評価するという擬似的な読み手,書き手の関係とは基本的に異なるものです。共同でWebページを制作し,発表するという実践も,潜在的な読み手に対する働きかけです。また,

制作の途中,共同で作業することを通して,学習者の社会が成立します。人と人とのつながりのなかでことばを学ぶという視点をインターネットは外国語教育にもたらしました。

それは第1章2-3で紹介したフレネが印刷機を教室に持ち込んだ実践とよく似ています。教室に印刷機を持ち込み,学級文集を作り,学校新聞を作ることでフレネは生徒の間に読み手,書き手という関係を築きました。子供に自由に作文させるのは無謀という当時の考えをつき崩しました。インターネットで行われている外国語教育の実践も同じように,外国語教育についてのこれまでの思いこみを根元的に問い直すものでなければなりません。

1-2　効率の追求ではない

パーソナル・コンピュータが世に広まると,それを追いかけるように教育用,学習用ソフトウェアが現れました。しかし,それらの多くはビジョンを欠いたものでした。それらが掲げたキャッチフレーズは「楽しく学ぶ」というものです。しかし,そこで行われているのは,マルチメディアで目と耳を驚かせたり,マンガ風のキャラクターが現れたり,正解を選ぶとファンファーレが鳴ったりするようなしかけです。インターネット上でもWebが広く利用されるようになり,インタラクティブなしかけをほどこしたページが数多く公開されるようになりました。

しかし,これはコンピュータやインターネットの意義を生かしたものと言えるでしょうか。選んだ答えが正しいかどうかは,練習問題巻末の正解を見ればすむことです。正解を選んだときファンファーレが鳴るかどうかは学習の本質と関係ないことです。これまで「インタラクティブ」とよばれてきたものは,結局,本やノートで行ってきたことを「便利」にするしかけにしかすぎませ

コラム13・交通革命から学ぶ

　インターネットの意義を考えるのにわかりやすいのは19世紀半ば以降に起こった交通革命です。1825年，世界最初の蒸気機関車による鉄道が英国ストックトン，ダーリントン間19キロを3時間で結びます。馬車から鉄道への交通革命の始まりです。1830年にはリバプール，マンチェスターを結ぶ鉄道が開通し，時間は12時間から2時間に短縮され，綿のトン当たり運賃は3分の2になりました。

　さて，この交通革命は何をもたらしたのでしょうか。まず，高速大量輸送です。また，それにともなう運賃の低下です。輸送に関わる効率，便利さが向上しました。

　しかし，輸送の効率が交通革命のもたらした真の意義ではありません。交通の変革は社会の変革でした。それまで町が発展したのは川や運河沿いでした。鉄道が生まれると，川が運河に沿わない，これまで発展の条件がなかった所でも町が生まれました。新しい都市の始まりです。

　1851年，ロンドンで世界初めての万国博覧会が開かれます。このとき，列車を仕立てて万国博に団体旅行を主催したのが旅行業を創始したトマス・クックです。団体旅行という新しいレジャーの誕生です。鉄道は新しい都市を作り，新しいライフスタイルを生み出しました。

　インターネットも同じように，その便利さ，効率が本質ではありません。インターネットが社会や生活，教育をどのように変革していくのかという視点がなければ，その意義を理解することはできないでしょう。

んでした。
　コンピュータ・ソフトによくみられるこのようなしかけをbells and whistles（ベルと笛）と言います。博覧会など催し物

会場のオルガンにはベルや笛がたくさん取り付けられていることがよくあります。人目には華々しく映るものの，オルガンで音楽を演奏するという目的には必要のないものです。必須の機能ではないものの見栄えがするということから，転じて「不要不急の贅沢な機能」の意味で使われます。このような学習用ソフトウェアの機能は「学び」とは縁のないものです。

最近，情報処理教室の機能をもたせた語学実習室が各地に生まれつつあります。それ自体は歓迎すべきことです。しかし，その理由としてあげられているのは，教員数の不足を補うため，自学自習の環境を整えること，つまり，「効率」です。たとえて言えば，2トンの荷物を1トン積みトラックで運ぶには運転手が2人，トラックが2台必要だけれども，2トン積みトラックを使えば運転手もトラックも半分ですむという発想に似ています。

このような流れに共通しているのは，ことばを学ぶということはどのようなことか，学びとはどのようなことか，それを追求するビジョンがないことです。学びということが既存の学習の概念の延長線上で考えられていることです。

1-3　意味のある場面での意味ある言語活動

インターネットを使った外国語教育の実践がもたらした最大の成果は，学習の効率ではなく，外国語教育のあり方について新しい視点を切り開いたという点です。それは人と人とをつなぎ，意味のある場面で，意味のある言語活動を行う意味を考えさせたことです。

外国語の学習をよりオーセンティックにしようという試みはインターネットが生まれる以前からさまざまに実践されてきました。私にも次のような経験があります。アメリカにでかける機会があ

ると，レストランでメニューを集めました。「英語の授業に使いたいので」と説明すると，たいていのお店では快くメニューをくれます。さて，教室でウェイターと客の役を決めてメニューを生徒に渡すと，はじめて見るメニューに教室の雰囲気が一気に高揚します。しかし，それは最初のうちだけです。ロールプレイをしているうちに生徒の意欲はすぐに萎えてしまいます。メニューは本物ですが，そこで行っているやりとりは「コミュニケーションごっこ」です。教科書の対話を読みあっているのと変わりはありません。

　意味のあるコミュニケーションは具体的な場面のなかで，伝えたい思いがあり，相手がいるところで生まれます。これまでの外国語教育は，いわば真空のなかで行われてきました。映画の『E.T.』にはこの点で示唆的な場面があります。宇宙船で地球に降り立ち，ひとり取り残されたE.T.は子供たちの助けで家族と通信をし，迎えの宇宙船を待とうとします。地球のことばのわからないE.T.がはじめて英語を話す場面です。小学生のエリオットと妹のガーティーのいるところで窓から空を指さし，E.T.が言います。

E.T. :　　E.T. ... home... phone.
Gertie :　E.T. phone home.
Elliot :　 E.T. phone home.
Gertie :　He wants to call somebody.
E.T. :　　E.T. phone home.

　E.T.が英語を学んだのは，教科書からでなく，子供たちとの意味のあるインタラクションからでした。家族の元に帰りたいという気持ちを伝えたいという思い，E.T.を助けたいというたがいの

思いがみんなのきずなを結んでいます。だからこそ，E.T. home phone.という誤った英語をも理解しています。E.T.はまたそのやりとりのなかからE.T. phone home.とより正確な英語を学んでいます。

これは学校で行われているような授業は意味がないと言っているわけではありません。「意味のある場面での意味ある言語活動」という考えを授業のなかで生かしていくことが，インターネットを使った外国語教育から学ぶべきことなのです。

1-4 インターネットから教室に

「インターネットを教室に」——これまでのインターネットと教育にかかわるスローガンはこれでした。アメリカ政府は2000年1月1日までに「全米すべての図書館，病院，教室をインターネットに接続すること」を公約に関連諸策を講じてきました。イギリスも2002年までに全国の小中学校をインターネットで接続することを柱とした学校教育の情報化構想を発表しています。わが国もすべての学校をインターネットに接続する施策が進行中です。

「インターネットを教室に」という施策はぜひ実現してほしいものです。しかし，それと同時に，インターネットと教育のありようを考えていくことが必要です。すべての教室がインターネットに接続されても，それで教育が良くなるという保証はありません。既存の学習観の延長線上でインターネットを使うのなら，コンピュータやインターネットという技術はこざかしい便利な道具立てにすぎません。現在は学校，教室をインターネットに接続することが話題になっています。

しかし，遠からずすべての学校，教室がインターネットにつながる日が来るでしょう。私たちが考えなければならないのはイン

ターネット後のことです。「インターネットを教室に」ということばに対置して言うなら，逆に「インターネットから教室に」というスローガンです。つまり，インターネット上での外国語教育の実践から得られた知見を教室での実践に生かすことです。

木村友保先生は愛知県立千種高等学校で教えておられた折，英語交換日記という実践を行われました。職員室の木村先生の机の上には1冊の大学ノートが置いてあります。生徒はいつでもこのノートを教室に持ち帰ることができます。そこで生徒は自分の思いを英語でつづり，木村先生の机に戻します。木村先生は時間をみつけてはノートに書かれた生徒のメッセージを読み，返事を書いていきます。ネットワークこそ使いませんが，インターネットで行うメール交流と同じ発想です。

《「あなたの好きなテレビ番組は何ですか」これを英訳しなさい》という問題に取り組むのでなく，Our Favorite TV Programs という学級英語新聞の特集記事を作るのに，クラスのみんなに英語のアンケートをするのはどうでしょうか。同じ，"What is your favorite TV program?" という英語を読んだり，書いたりする活動にしても，「これを英訳しなさい」という指示で書くことと，学級英語新聞を作る過程で書くのとでは言語活動の意義が異なります。

私たちがインターネットを外国語教育に使うのは，インターネットを使うことそのものに意味があるからではありません。遠からず，インターネットは電話やテレビのように日常の生活環境の一部になるでしょう。教室においても机やいすや黒板，掲示板と同じような環境の一部となるはずです。そこでは，コンピュータ，インターネットという技術は限りなく後景に退き，前景には学ぶという営みが姿を現します。そこではコンピュータやインターネットは私たちの生活，思い，喜びをつむぎだす，いわば透

明な存在として学びを支えることになるでしょう。

2 「学び」観を見直す

　ここ十年少しほどの間に，学校教育の中での「学び」のとらえ方が大きく変わろうとしてきています。学力低下の問題だけでなく，学級崩壊，不登校，いじめなどの問題も含めて，学校で真の学びを実現することの困難に直面し，新たな学びの枠組みが求められてきました。そうした流れの中で，学びという活動が学習者の中でどのように起こっているのか，そして学習はまわりの物理的・社会的な環境とどのように関わりあいながら起こっているのか，ということが吟味されてきました。

　従来は，教育内容や教育方法を考える時に，「教えるべき内容」が中心を占め，それを「どのように学習者に身につけさせたらいいのか」を考える，という形になっていました。その枠組みの中では，「教える」ことが主たる関心事となっていました。それに対して，「学び手」を中心にしながら物事を考えていく方向に，シフトしてきたわけです。

　そのような流れの中で出てきた重要な考え方に，学習を「知識を獲得すること」ではなく「知識を作り出すこと」としてとらえる考え方，そして学習を「個人的営み」ではなく「社会的活動」としてとらえる考え方があります。この節では，この2つの点に焦点を当てて，学びをどう考えていったらいいのかを整理したいと思います。

2-1 「作り上げる」過程としての学習

　第9章の教師の役割に関する議論の中でも述べましたが，従来

学習というのは,「知識というモノを受け取ること」としてとらえられてきました。この「知識獲得」としての学習観では,学習者は受動的な存在になってしまいます。もちろん,個々の問題を解く過程や,知識を記憶しようとする過程は,能動的な過程だと考えるかもしれません。しかし,そのような過程は「学習」全体から見れば,下位過程としての位置付けになり,それらを通して最終的に「知識」をどれほど「手に入れるか」（記憶に定着させるか）,またそれをどれほど効率的に行うことができるか,ということが問題になるわけです。

　このような「獲得」としての学習観に対して,近年ますます重要視されるようになってきたのが,「構成」（construction）としての学習です。つまり,「受け取る」過程として学習を考えるのではなく,「作り上げる」過程として学習をとらえようというのです。学習者自身が既にもっている知識や技能と,利用可能な情報とを利用して,学習者自身の推論・理解・問題解決などの過程を経ることによって,新たな知識を作り出すのが学習なのです。

　従来の「獲得」としての学習観の中では,学習者は「空っぽ」の器で,その中に新たな「知識」というモノを貯めていく,という暗黙のメタファーが根強くありました。以前に学習したことと関連付けて教えるということもなされてきましたが,学習者自身の中でどのように既存知識が表象され構造化されているのかを踏まえ,それをどのように利用して新たな知識ができていくか,ということが細かく理論化されてきたのは,ごく最近のことに過ぎません。

　学習者は日常生活の中で様々な素朴な知識を持っています。それらは,個々バラバラにあるのではなく,互いに関連づけられながら,「理論」を形成しています。そして,新たな情報を理解しようとしたり,学習したりする時には,こうした既有の知識を

> **コラム14・「構成」としての学習**
>
> 構成主義の学習観は、ここ1990年代には欧米の教育界での最もホットなキーワードのひとつとなりましたが、その考え方の起源は新しいものではありません。例えば、デカルト（René Descartes：1596-1650）の考え方の中には、与えられるものではなく、自分で作りあげるものとしての理性という考え方うかがえます。現在の構成主義的学習観に直接大きな影響を与えているのはスイスの心理学者ピアジェ（Jean Piaget：1896-1980）ですが、彼はカント（Immanuel Kant：1724-1804）の哲学に影響を受けています。これらの系譜をたどって、人が頭の中で作りあげるものとして知識がとらえられるようになってきたわけですが、さらに社会的プロセスを経て構成されるものとして学習を考える社会構成主義は、ソビエトの心理学者ヴィゴツキー（Лев Выготский：1896-1934）の考え方が大きなインパクトを与えています。

様々な形で利用しながら、自らの中で知識の再構成をしていくのです。

外国語を学習する場合にも同じことが言えます。単語の綴りや意味を学習しようとする時でも、学習者にとってひとつひとつバラバラに「丸暗記」をすることは苦痛以外の何ものでもありません。それは、人が学習したり記憶したりする仕組みが、既有の知識を利用しながら意味づけたり納得したりしながら知識構造に付け加えたり知識構造を改訂したりする、という形になっているからです。そういったものと切り離して、単独に丸暗記をすることは、非常に無理のあることなのです。

単語の学習のことを考えた時に、学校での外国語学習では、学習している外国語の単語と母語である日本語の単語とを結びつけ

て暗記し，外国語の単語が提示されればそれに対応する日本語を想起することができ，逆に日本語の単語が提示されればそれに対応する外国語の単語を想起することができる，というようになることが単語学習のほとんどを占めてきたと言えるでしょう。しかしこれでは，いくら頭を一所懸命に使って暗記したとしても，「知識を作り上げる」ことにはならないのです。

　外国語での単語や文の組み立てやその他の知識を学習者が自らの頭の中で作り上げていくためには，それらの知識が実際に使われる場面で学習者自身の頭を使いながら，書かれていることが意味することを実感として理解できるように考えたり，自分が本当に言いたいことを吟味してそれを表現できるように考えたりするしかないのではないかと思います。それは，単語の訳語と文法のルールを考えながら訳を作る，というのとは全く違うレベルの話です。外国語の知識，日本語の知識，など言語の知識を超えて，多様な知識を動員することが必要になってきます。

　学習についてのこのような考え方が成立してきた背後には，「正しい知識」というものがどこか学習者の外に存在できるものではない，という考え方があります。学習を知識の獲得ととらえ，教育を知識の受け渡しととらえるような考え方では，知識は授受可能な「モノ」として客観的に存在するものであることが暗黙のうちに前提とされています。例えば，英語の chair という単語に対して日本語の「椅子」という単語を結びつけて「知識」として覚える，というのは，「chair＝椅子」という知識が絶対的な真理として客観的に存在するということが前提となっています。ところが，このような単純な単語でさえ，人間の頭の中にある概念は非常に複雑です。どのようなものが chair でどのようなものは chair でないか，chair の典型例はどのようなものか，座るもので chair でないもの（sofa や bench などなど）との関係・違い

は何か，上位概念（例えば furniture）との関係はどうなっているのか，chair と一緒に使われる動詞にはどのようなものがありどのような形で表現されるのか，などなど，多様な事柄が絡み合って chair という単語の概念が構成されます。こうした chair にまつわる多様で複雑な事柄を考えてみると，すべての人がこれらすべてを同じように知識としてもっているということはまずあり得ないだろうということは容易に想像がつくと思います。それぞれの人が様々な経験をする中で少しずつ身に付けていくもので，人によって少しずつ違ったものが chair の概念として作り上げられていくのです。もちろん，こうした複雑な構造をもった chair という概念を，すべて客観的なものとして明示的に教える・学ぶことは不可能です。

このように考えると，ひとつ気になることとして，では学習者一人ひとりが「違った」知識を作り上げていってしまったら，どうして同じ単語で相互に了解可能になるのか，ということがあります。つまり，学習を全く学習者個人個人の頭の中だけでのできごととしてとらえる考え方には，限界があるのです。

2-2 社会的過程としての学習

引き続き，単語の学習を例にとって考えてみましょう。ある単語の意味や使い方の背後には，「文化」があります。ある場合には，非常に小さな集団・共同体の中で，その共同体の文化を背負った，非常に特定の意味・使い方が生まれ確立されてきます。ある場合には，より大きな共同体の文化を背景にした意味・用法が作り上げられています。いずれにしても，その単語を使う人々の集団がいて，その人たちが社会的活動を実践している中で，その共同体での意味・使い方ができてきているわけです。

> ### コラム15・「状況に埋め込まれた学習」
>
> 　認知心理学・認知科学の中で1980年代後半から言われるようになり，1990年代には最も重要な考え方の一つになってきました。それまでは，人間の思考や問題解決や学習は，人間の頭の中での情報処理過程としてとらえられ，外界との関わりは情報処理過程へ情報を入力するものとしてのみ考えられてきました。しかし，日常場面（実験室場面ではなく）での人間の問題解決や学習に関する研究を中心に，そのような考え方の限界が1970年代末から1980年代にかけて徐々に明らかになり，他者や環境との関わりの過程として学習をとらえる考え方が次第に明確になってきました。現在，学習環境のデザインや，コンピュータやネットワークを使った学習システムのデザインの中では，この「状況に埋め込まれた学習」の枠組みは非常に重要な役割を果たしています。

　これまでの学校での学習では，そうした実践の文化とほとんど切り離された形で「知識」を教え学んできました。それにはもちろんある一定の意義もあります。つまり，広い範囲の子どもたちが集まる学校という場，しかも「公教育」を行う場では，様々な背景の子どもがいますし，また学校を出た後も様々な方向に進んでいきます。そうだとすると，「どこでも通用するような」形で知識を教えることが求められるのも，うなずけることではあります。しかし，それが人間の学習の原理と著しくかけ離れているしかたであれば，学習が効果的に行われることは到底望めませんし，また「身に付けた」知識も実際に何ら使い物にならなくなってしまいます。

　近年脚光を浴びている学習に関する考え方として，「状況に埋め込まれた学習」（situated learning）というものがあります[1]。

その中のひとつの概念として,「正統的周辺参加」という考え方があります。そこでは,学習というのは,実践共同体の中で,その共同体の中での実践の様子を観察しながら,周辺的ではありながらその共同体の正統なメンバーとして参加しつつ,徐々に共同体の中で中心的な方向へ向かっていく過程だと考えます。

例えば,落語家に弟子入りした時のことを考えてみてもよいでしょう。弟子入りをしても,発声のしかたを練習したり,落語の話を覚えたり,そういう学習は全くしません。雑巾がけやかばん持ちから始まって,落語家の世界に生きる人々の生き方を身近で観察し感じとり,先輩や師匠の高座を舞台の袖から見聞きし,といったことを通して,落語の世界(実践共同体)に参加します。

このような話をするとすぐに,「では,外国語を学ぶためには,その言語を話している人たちの共同体に入って行かなければならないのか」と考えてしまうかもしれません。もちろん,インターネットを使うことによって,これまで以上に,学校の教室の中からでも,学習している言語を母語として使っている人たちとコミュニケーションをとることは容易になってきています。ですから,そのようなテクノロジーを使って,少しでも「本物の」状況に近づけようということはある程度できなくはありません。しかし,それは狭い意味で考えすぎだと思います。必ずしも「ネイティブ」の共同体に入っていく必要があるとは限らないのです。例えば,外国語として外国文学を読んで楽しむ人々の共同体,というのもひとつの実践共同体として存在するわけです。そうした共同体の中で,意味をもった活動に従事しながら,その共同体のより中心的なメンバーになれるようにしていく過程は,「本物」の学習過程になるわけです。

このような社会的過程として学習を考えることによって,外国語の学習のあり方は大きく変わってくると思いますし,インター

ネットはそのための有力の道具になるのではないかと考えています。

【注】
[1] ジーン・レイブ，エティエンヌ・ウェンガー『状況に埋め込まれた学習』産業図書

あとがき

　杉本先生にはじめて「お会い」したのはもう10数年前のことです。「お会い」したと書いたのは，それがネットワーク上だったからです。まだインターネットが世に現れる前のパソコン通信の時代です。コンピュータ，ネットワーク，語学教育に関心をもつ教員が集まってメーリングリストを作っていました。パソコン通信草創期の頃で，メーリングリストといっても手動です。幹事役の人のところにメールを送ります。幹事役は毎日，送られてきたメールを一本にまとめて会員に送り返します。いわば人間メーリングリストです。

　杉本さんは認知心理学，教育学が専攻で私たち英語教員とは違った視点の意見をいつも書かれていました。それは風が吹いて霧を払い，突然見晴らしが開けるようでした。「学び」という角度から英語教育を考える視点を杉本さんは与えてくださいました。

　本書は杉本さんと私がネットワーク上で実践したり，考えたりしてきたことをもとに生まれました。しかし，また，人と人とをむすぶネットワークがなければ私は杉本さんに出会うことはなかったでしょう。そのふたつの意味で本書はネットワークから生まれたものです。

　そして，今，私たちは本書を読んでくださったあなたとつながっています。ネットワーク上であなたとお会いすることを楽しみに，お礼を申し述べつつ筆をおきます。

朝尾幸次郎

■索引

A-Z

Computer Assisted Instruction (CAI) 148
Cooperative Learning 152
Computer Supported Collaborative Learning (CSCL) 151
Computer Supported Intentional Learning Environment (CSILE) 153
Intercultural E-Mail Classroom Connections (IECC) 22,126
Initiate-Respond-Evaluate (IRE) 59,165
MUD Object-oriented (MOO) 63,70
Web 90,93,101

あ

息 78
異文化理解 119
意味ある言語活動 190,197,199
印刷機 17
Web 日記 113
英語交換日記 200
英語力 41,50
ＬＬ 15
オーラル・アプローチ 165,166

か

外国語教授法 165
外国語能力 54
会話の目的 76
顔文字 35
書き手 18,98,103,106
書く 88,111
学習環境のデザイン 161
学習支援 160
学級英語新聞 200
「学校における情報教育の実態等に関する調査結果」 5
学校文集 17
記号操作 54,186,190
技術信仰 15
教育用コンピュータ整備計画 5
教師 157
　――の役割 165
共同学習 137,151
言語活動 110
言語素材 102,109
構成としての学習 202
交通革命 196
行動主義心理学 148,166
効率 195,196
声 78
語学学習の効果 51
国際交流学習 134
国際理解 119
国際理解教育 130
国際ライティングプロジェクト 25
コミュニカティブ・アプローチ 167
コミュニカティブな英語 45

さ

視覚的リテラシー 115
自己表現 54,186,187,190
社会構成主義 153
社会的相互作用 77,153

社会的手がかり 34
状況に埋め込まれた学習 206
状況論 153
シラバス 138
　機能—— 138
　場面—— 138
　文法—— 138
身体性 78
正統的周辺参加 207
相互作用性 74
測定 185,188
そのとき学習 187

た
単語の意味 86
知識獲得 202
知識の伝達者 157
知的 CAI (ICAI) 149
チャット 63,65,69
注 83
直接法 165,166
添削 56
電子メール 21,30,50,55
　——交換 22
伝送の瞬時性 33
動機づけ 50
到達度目標 189
匿名性 37
ドリル 54,190

な
内容を基盤とした外国語学習 168
認知心理学 148
ネイティブの外国語教師 164

は
ハイパーテキスト 81,93
ビジュアルな要素 107
評価 184,188
複雑な構造をもった知識 87
プログラム学習 148
プロジェクト型の学習 138,139
フレネ，セレスタン 17
分散型データベース 93
文法訳読法 165
文脈 132
ポートフォリオ評価 181
本物であること 109

ま
マイクロ・ワールド 150
マルチメディア 94,114
文字コミュニケーション 33
もしも学習 187

や
預金型の教育 176
読み手 18,98,103,106,111,133
　——意識 42
読む 88

ら
ライティング 103
リアルタイム（型） 63,74
　——コミュニケーション 63
リーディング 101,102
リバーズ 54,104,186,190
量的変化と質的変化 7
リンク 81,83,132

[著者紹介]

杉本 卓（すぎもと たく）
1962年東京都生まれ。東京大学大学院教育学研究科学校教育学専門課程修了。現在，千葉工業大学専任講師。専攻は情報教育，認知科学，メディア論。著書に『講座現代の教育8　情報とメディア』（分担執筆，岩波書店，1998），*Global Literacies and the World Wide Web*（分担執筆，Routledge, 2000），訳書にサンダース著『本が死ぬところ暴力が生まれる：電子メディア時代における人間性の崩壊』（新曜社，1998）などがある。

朝尾幸次郎（あさお こうじろう）
1949年広島県生まれ。デンバー大学大学院スピーチ・コミュニケーション学科，東京外国語大学大学院ゲルマン系言語専攻修了。現在，東海大学教授。専攻は応用言語学。著書に『語彙・表現』（大修館書店，1985），『インターネットと英語教育』（共編，大修館書店，1996），『コンピュータ英語情報辞典』（研究社，2001），また，訳書にウォーショー一他著『インターネット時代の英語教育』（ピアソン・エデュケーション，2001）などがある。

英語教育21世紀叢書
インターネットを活かした英語教育
©Sugimoto Taku, Asao Kôjirô 2002

初版第1刷──2002年4月1日

著者────杉本　卓・朝尾幸次郎
発行者───鈴木一行
発行所───株式会社　大修館書店
　　　　　〒101-8466　東京都千代田区神田錦町3-24
　　　　　電話03-3295-6231（販売部）　03-3294-2357（編集部）
　　　　　振替00190-7-40504
　　　　　［出版情報］http://www.taishukan.co.jp

装丁者───中村愼太郎
印刷所───文唱堂印刷
製本所───難波製本

ISBN4-469-24472-4　　Printed in Japan

Ⓡ本書の全部または一部を無断で複写複製（コピー）することは，著作権法上での例外を除き禁じられています。